새로운 도서, 다양한 자료
동양북스 홈페이지에서 만나보세요!

홈페이지 활용하여 외국어 실력 두 배 늘리기!

홈페이지 이렇게 활용해보세요!

1 도서 자료실에서 학습자료 및 MP3 무료 다운로드!

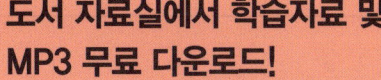

❶ 도서 자료실 클릭
❷ 검색어 입력
❸ MP3, 정답과 해설, 부가자료 등 첨부파일 다운로드

* 원하는 자료가 없는 경우 '요청하기' 클릭!

2 동영상 강의를 어디서나 쉽게! 외국어부터 바둑까지!

500만 독자가 선택한

가장 쉬운
독학 일본어 첫걸음
14,000원

가장 쉬운
독학 중국어 첫걸음
14,000원

가장 쉬운
독학 베트남어 첫걸음
15,000원

가장 쉬운
독학 스페인어 첫걸음
15,000원

가장 쉬운
독학 프랑스어 첫걸음
16,500원

가장 쉬운
독학 태국어 첫걸음
16,500원

가장 쉬운
프랑스어 첫걸음의 모든 것
17,000원

가장 쉬운
독일어 첫걸음의 모든 것
18,000원

가장 쉬운
스페인어 첫걸음의 모든 것
14,500원

첫걸음 베스트 1위!

가장 쉬운 러시아어
첫걸음의 모든 것
16,000원

가장 쉬운 이탈리아어
첫걸음의 모든 것
17,500원

가장 쉬운 포르투갈어
첫걸음의 모든 것
18,000원

동양북스
www.dongyangbooks.com
m.dongyangbooks.com

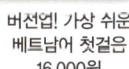

버전업! 가장 쉬운
베트남어 첫걸음
16,000원

가장 쉬운 터키어
첫걸음의 모든 것
16,500원

버전업! 가장 쉬운
아랍어 첫걸음
18,500원

가장 쉬운 인도네시아어
첫걸음의 모든 것
18,500원

버전업! 가장 쉬운
태국어 첫걸음
16,800원

가장 쉬운 영어
첫걸음의 모든 것
16,500원

버전업! 굿모닝
독학 일본어 첫걸음
14,500원

가장 쉬운 중국어
첫걸음의 모든 것
14,500원

오늘부터는 팟캐스트로 공부하자!

팟캐스트 무료 음성 강의

▶1 iOS 사용자
Podcast 앱에서
'동양북스' 검색

▶2 안드로이드 사용자
플레이스토어에서 '팟빵' 등
팟캐스트 앱 다운로드,
다운받은 앱에서
'동양북스' 검색

▶3 PC에서
팟빵(www.podbbang.com)에서
'동양북스' 검색
애플 iTunes 프로그램에서
'동양북스' 검색

◉ **현재 서비스 중인 강의 목록** (팟캐스트 강의는 수시로 업데이트 됩니다.)

- 가장 쉬운 독학 일본어 첫걸음
- 페이의 적재적소 중국어
- 가장 쉬운 독학 중국어 첫걸음
- 중국어 한글로 시작해
- 가장 쉬운 독학 베트남어 첫걸음

거침없이 **술술!**

일본어

Reading

독해

中高級

메구로 마코토 지음

동양북스

거침없이 **술술!**
일본어 **독해** 중고급

초판 5쇄 | 2019년 4월 20일

저　자 | 메구로 마코토
발행인 | 김태웅
편　집 | 신선정, 김효은
편집장 | 강석기
마케팅 | 나재승
제　작 | 현대순
디자인 | 방혜자, 김효정, 서진희, 강은비

발행처 | 동양북스
등　록 | 제10-806호(1993년 4월 3일)
주　소 | 서울시 마포구 동교로22길 12 (04030)
구입 문의 | 전화 (02)337-1737　　팩스 (02)334-6624
내용 문의 | 전화 (02)337-1762　　dybooks2@gmail.com

ISBN　978-89-8300-545-8　03730

머리말

　이 책은 중급에서 고급 초반에 걸쳐 사용하는 독해 교재로, 지금까지 공부한 내용을 복습하고 더 나은 수준인 고급으로 넘어가기 위한 교재로서 만들었습니다.

　처음에는 〈WEB : 일본어 가케코미데라(駆け込み寺)〉의 무료 사용 교재 '생활 세시기'로서 작성되었는데 이를 바탕으로 하여 교실에서 사용할 만한 교재로 다시 편집하고 거기에 제2부 '생활의 매너'를 추가한 것이 이《일본의 생활과 문화》입니다.

　이 교재는 언어와 문화는 떼려야 뗄 수 없는 관계라는 생각에서 '일본인의 생활과 문화'를 외국에서 일본어를 공부하는 분들에게 소개할 목적으로 편집했습니다. 이 교재를 통해서 일본어를 공부하는 여러분이 일본인의 생활과 문화가 동아시아와 얼마나 깊이 연관되어 있는지를 알게 된다면 기쁘겠습니다. 일본과 아시아 여러 나라 사이에 우려할 만한 사태가 있기도 하지만 그것을 극복하고 인간 대 인간으로서의 교류가 진행되어 우호관계가 더욱 돈독해질 것을 바라마지않습니다.

　이 교재를 만들며 무료 백과사전《위키피디아(Wikipedia)》를 비롯해서《일러스트레이터 와타나베 후미·WEB에서 무료로 사용할 수 있는 일러스트 클립아트 프리 소재》《학교 일러스트 소재》《교사의 편의점》등의 도움으로 일러스트와 사진을 책에 실을 수 있었습니다. 무료로 교재를 공개하고 있는 〈일본어 가케코미데라〉의 대표로서 진심으로 감사의 말씀을 드립니다.

2007년 4월 20일

일러두기

일본어 문장을 거침없이 술술 읽는 그날까지!

본 교재는 일본어를 7개월 이상 공부한 독자분들이 중급에서 고급 초반 수준에 해당하는 독해문과 문법사항을 공부할 수 있도록 배려하였습니다.

1부와 2부의 구성

1부는 일본의 세시행사와 특별한 날에 관한 내용으로 1월부터 12월까지 열두 Part로 구성되어 있습니다. 2부는 일본 특유의 예의범절에 관한 내용으로 다섯 Part로 구성되어 있습니다. 1부는 독해문 → 읽고 답하기 → 문형 연습 → 보충 학습 → ~월의 특별한 날 순으로, 2부는 독해문 → 읽고 답하기 순으로 구성되어 있습니다.

독해문

긴 독해문입니다. 처음 읽으실 때는 모르는 낱말이 나와도 사전을 찾지 말고, 글의 맥락 속에서 그 뜻을 유추해 보시는 것이 더 효과적입니다. 독해문 뒤에는 어휘가 정리되어 있으니 읽고 난 다음에 확인하시기 바랍니다.

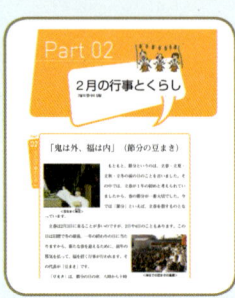

읽고 답하기

독해문을 제대로 이해했는지 확인하는 문제입니다. 독해문에서 나왔던 문장을 이용해서 일본어로 답을 쓰도록 되어 있어 문장을 쓰는 연습도 됩니다.

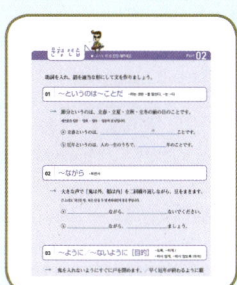

문형 연습

독해문에서 나왔던 문법사항을 공부하고, 예문처럼 문장을 완성하는 페이지입니다.

보충 학습

짧은 독해문입니다. 앞의 내용과 관련 있는 독해문입니다.

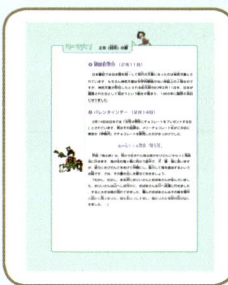

~월의 특별한 날

그 달의 특별한 날이 날짜와 함께 설명이 되어 있습니다.

연습 문제

어휘, 조사, 품사 활용 실력을 점검하는 페이지입니다.

차례

1부

くらしの歳時記
생활의 세시기

歳時記(さいじき) 세시기. 일년 중의 자연 현상과 행사, 그에 얽힌 생활 등을 풀이하여 놓은 책

1月の行事とくらし

1월의 행사와 생활

あけましておめでとうございます

　1月1日から1月3日までを三が日、1月7日までを松の内と呼び、この期間を「正月」と呼んでいます。元日は国民の祝日となっていて、官公庁や銀行は12月29日から1月3日までお休みです。

　昔から、1年の最初の日、1月1日「元日」は、私たちに命を与えてくれる「歳神さま」を迎え、おまつりする日でした。お正月に人と会ったときには「あけまして、おめでとうございます」と言いますが、このあいさつは、もともとは年が明けて、歳神さまを迎えるときの感謝の言葉でした。今でも私たちは歳神さまをお迎えするために、門松を門の前に飾ったり、鏡餅を供えたり、前日に準備したおせち料理を食べたりしています。

そして、子供は親や親戚からお年玉をもらいます。最近では、プラスチック製の門松や鏡餅を使ったり、おせちをデパートで買う家庭も増えました。現代人の

<門松>　　　　　　<鏡餅>

暮らしが忙しいのはわかりますが、できればこういうものは自分で作りたいですね。

　さて、今日では、「歳をとる」ことは悪いように言われますが、もともと「歳をとること」は人々に歓迎されていました。正月、歳神さまは全ての人や物に新しい生命を吹き込むために現れると伝えられています。つまり、「歳をとる」ということは、一年に一度、新たに生まれ変わるということだったのです。今の言葉で言いますと、命のリセットですね。

あけましておめでとう 새해 복 많이 받으세요 | 三が日 정초의 3일간 | 松の内 설에 가도마츠(門松)를 세워 두는 기간 | 呼ぶ 부르다 | 官公庁 관공서 | 歳神 오곡을 지키고 그 해의 풍작을 비는 신 | 迎える 맞이하다 | まつる → おまつりする 모시다 → 받들어 모시다 | あいさつ 인사 | もともと 원래, 본래 | 門松 새해에 문 앞에 세우는 장식용 소나무 | 飾る 장식하다 | 鏡餅 설에 둥글납작한 떡을 두 개 쏘아서 상식해 누는 것 | 供える 바치다, 올리다 | おせち料理 명절 요리 | お年玉 세뱃돈, 새해 선물 | プラスチック(plastic)製 플라스틱 제품 | 暮らし 생활, 살림 | 歓迎する 환영하다 | 全て 모두, 전부, 모조리 | 生命を吹き込む 생명을 불어넣다 | つまり 결국, 다시 말하면 | 新た(な) 새로(운) | 生まれ変わる 다시 태어나다, 일변하다 | リセット(reset) 리셋, 다시 세트하다

읽고 답하기

● 독해문을 읽고 다음 빈 칸을 채우세요.

Part 01

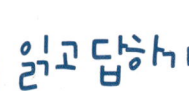

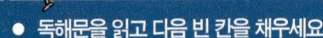

1 日本では、いつからいつまでを正月と呼んでいますか。

____

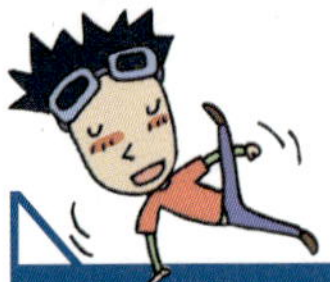

2 日本では、元日はどんな日ですか。

____

3 日本では、お正月に人と会ったとき、どんなあいさつをしますか。

____

4 「歳神さま」は、どのような神さまですか。

____

5 日本人は、お正月にどんなものを食べますか。

____

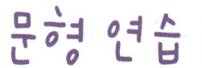

문형 연습

ⓐ~ⓑ 의 빈 칸을 채우세요.

Part 01

助詞を入れ、語を適当な形にして文を作りましょう。

01 ～から～まで ～에서 ～까지

→ 1月1日から1月3日までを、三が日と呼んでいます。

1월 1일부터 1월 3일까지를 상가니치라고 부릅니다.

ⓐ 週休二日制の会社が多いので、＿＿＿＿＿から＿＿＿＿＿までを週末と
呼んでいます。

ⓑ 私の国では、＿＿＿＿＿＿は＿＿＿＿＿から＿＿＿＿＿までです。

02 ～たり～たり ～하기도 하고 ～하기도 (하다), ～하거나 ～하거나 (하다)

→ 門松を門の前に飾ったり、鏡餅を供えたり、おせち料理を食べたりしま
す。 문 앞에 가도마츠를 장식하거나 가가미모치를 바치거나 오세치 요리를 먹습니다.

ⓐ 休みの日は、＿＿＿＿＿り＿＿＿＿＿りします。

ⓑ 今日は＿＿＿＿＿り＿＿＿＿＿りの天気になるでしょう

03 ～ために [目的] ～하기 위해서(목적)

→ 正月、神さまは人や物に新しい生命を与えるために現れると伝えられ
ています。 쇼가쓰에 신(神)은 사람과 사물에게 새로운 생명을 주기 위해서 나타난다고 전해지고 있습니다.

ⓐ 私は＿＿＿＿＿ために、日本語を勉強しています。

ⓑ 私の母は＿＿＿＿＿ために、毎日＿＿＿＿＿くれます。

11

お正月の食べ物
祝いの膳

デパートなどでおせち料理のセットを作って売っていますが、昔は年の暮れにお母さんが手間暇かけて作ってくれました。

おせち料理

このほかに、汁の中にお餅を入れて食べる「お雑煮」があります。お餅の上に色々な具を乗せて食べます。お父さんたちが楽しみにしているのが「おとそ」です。お正月に飲む薬酒です。実際には、「おとそ」を飲むのは最初の一杯だけで、あとは好きなお酒を心ゆくまで味わいます。これらをお正月の「祝いの膳」と呼んでいます。

祝いの膳 축하할 일이 있을 때 받는 밥상 | 年の暮れ 연말, 세밑 | 手間暇かける 품과 시간, 노력과 시간, 수고 | 汁 국물, 즙 |
餅 떡 | お雑煮 떡국 | 具を乗せる 건더기를 올려놓다, 재료를 올리다 | 楽しみにする 즐겁게 기대하다 | おとそ 도소주
(설날에 마시는 세주(歲酒)의 한 가지) | 薬酒 약술, 약주 | 心ゆくまで 마음껏 | 味わう 맛보다, 감상하다

初詣の様子

初詣の参拝客で賑わうお寺の様子です。もともとは地元の氏神さまにお参りするのですが、最近は有名なお寺や神社にお参りする人が増えました。

❶ 初詣

　年が明けてから初めて寺社にお参りして、一年の無事と平安を祈る行事です。寺社で、お守りや破魔矢、風車などを買ったり、絵馬に願いごとを書いたり、おみくじを引いたりして、今年一年がよい年であるようにお祈りをします。

❷ 年賀状

　お正月にお世話になった人や友だちに送るはがきで、干支のイラストが入った年賀はがきに、「謹賀新年」「年賀」「新春」「あけましておめでとうございます」などと大きく書き、メッセージを添えます。

❸ 初夢

　お正月に見る夢を初夢といいます。その夢の内容で、1年を占う夢占いが古くから行われています。

❹ 鏡開き（1月11日）

　1月11日は「鏡開きの日」です。鏡開きの日には、今年1年の一家円満を願いながら、神さまに供えた鏡餅をみんなで食べます。

❺ 成人の日（1月の第2月曜日）

　成人の日は、20歳になった青年が両親や周りの大人たちに保護されてきた子供時代を終えて自立し、大人の社会へ仲間入りする儀式（成人式）を行う日です。当日は、女性は振袖、男性はスーツや羽織り・袴などの正装に身を包んだ新成人の姿を見ることができます。

1 ひらがな（下線部）のところを、漢字で書いてください。

① しょうがつ 　　② こくみん 　　③ ぎんこう
（　　　　　） 　　（　　　　　） 　　（　　　　　）

④ いのち 　　⑤ かざる 　　⑥ さいきん
（　　　　　） 　　（　　　　　） 　　（　　　　　）

⑦ こんにち 　　⑧ あらわれる 　　⑨ むかし
（　　　　　） 　　（　　　　　） 　　（　　　　　）

2 漢字のところ（下線部）の読み方を、ひらがなで書いてください。

① 祝日 　　② 官公庁 　　③ 年が明ける
（　　　　　） 　　（　　　　　　） 　　（　）（　）

④ 感謝 　　⑤ 門松 　　⑥ 供える
（　　　　　） 　　（　　　　　） 　　（　　　　　）

⑦ 生命 　　⑧ 新たに 　　⑨ 祝いの膳
（　　　　　） 　　（　　　　　） 　　（　）（　）

3 （　）に助詞（ひらがな一字／要らないときは×）を入れてください。

① 1月1日（　）（　）　1月3日（　）（　）を三が日（　）呼びます。

② お正月（　）人（　）会ったとき（　）は、「あけまして、おめでとうございます」（　）言います。

③ 歳神さまは全て（　）人（　）物（　）新しい（　）生命（　）吹き込む（　）（　）に現れる（　）伝えられています。

④ お父さんたち（　）楽しみ（　）している（　）が「おとそ」です。

4 ＿＿＿＿部に、適当な語を選んで、文を完成させてください。

（もともと／つまり／今では／今でも）

① ＿＿＿＿＿＿あの日のことはよく覚えています。

② ここは＿＿＿＿＿海だったところです。

③ あの人は、私の父の弟、＿＿＿＿＿私の叔父です。

④ ＿＿＿＿＿＿彼のことを覚えている人は、誰もいない。

5 ＿＿＿＿部に、適当な語を選んで、文を完成させてください。

（から／まで／ために／だけ）

① 小学校の子ども＿＿＿＿＿が、携帯電話を持っている時代だ。

② 料理はできたし、あとは父が帰るを待つ＿＿＿＿＿です。

③ 話すことがいっぱいで、何＿＿＿＿＿話したらいいのか困ります。

④ 論文を書く＿＿＿＿＿、資料を集めなければなりません。

6 （　　）の語の形を変えて文を作ってください。

① 変な男が家の前を（行く→　　　　）り（来る→　　　　）りしている。

② 私が（戻る→　　　　）（来る→　　　　）まで、決してここを（動く
　　→　　　　）ないでください。

③ （安全→　　　　）ために、シートベルトをお（締める→　　　　）ください。

④ 父は毎日（朝早い→　　　　）から（夜遅い→　　　　）まで働いた。

---

4 叔父 숙부, 작은 아버지　覚える 기억하다, 외우다

5 携帯電話 휴대전화　時代 시대　困る 곤란하다, 난처하다　論文 논문　資料 자료

6 変(な) 이상(한)　戻る 돌아오다, 돌아가다　安全(な) 안전(한)　シートベルト(seat belt) 안전띠　締める 죄다, 매다

Part 02

2月の行事とくらし

2월의 행사와 생활

「鬼は外、福は内」(節分の豆まき)

<豆をまく神主>

もともと、節分というのは、立春・立夏・立秋・立冬の前の日のことを言いました。その中では、立春が１年の初めと考えられていましたから、春の節分が一番大切でした。今では「節分」といえば、立春を指すものとなっています。

立春は2月3日に来ることが多いのですが、2日や4日のこともあります。この日は旧暦で冬の最後、一年の終わりの日に当たりますから、新たな春を迎えるために、前年の邪気を払って、福を招く行事が行われます。その代表が「豆まき」です。

<神社での豆まきの風景>

「豆まき」は、節分の日の夜、八時から十時

16

くらいの間に、はじめは玄関、そして各部屋へと、戸を全部開けて、大きな声で「鬼は外、福は内」を二回繰り返しながら、豆をまきます。鬼は一家のご主人や長男、または厄年の人が行っていましたが、現在は家族で楽しみながら行うお宅が

＜家庭での豆まきの風景＞

多いようです。まき終えたら、鬼を入れないようにすぐに戸を閉めます。このあと、家族で年齢の数だけ豆を食べます。厄年の人は一つ多く食べて、早く厄年が終わるように願います。この豆まきの風習は室町時代に始まりましたが、もとは7世紀ごろに中国から伝わった鬼はらいの儀式「追儺」で、病や災害などを鬼に見立てて、桃の弓、葦の矢で追い払うものでした。この弓矢が豆に変わったのが「豆まき」だと言われています。

豆まき 콩 뿌리기 | 節分 계절이 바뀌는 때, 입춘 전날 | 立春 입춘 | 立夏 입하 | 立秋 입추 | 立冬 입동 | 旧暦 음력 ↔ 新暦 양력 | 最後 마지막 | 〜に当たる ~에 해당하다 | 春を迎える 봄을 맞이하다 | 邪気を払う 나쁜 기운을 쫓아 버리다 | 福を招く 복을 부르다 | 行う 하다, 행하다, 시행하다 | 繰り返す 반복하다, 되풀이하다 | 豆をまく 콩을 뿌리다 | 長男 장남 | 厄年 액년, 재난을 만나기 쉽다는 해 | 楽しむ 즐기다 | 風習 풍습 | 鬼はらい 입춘 선날밤에 콩을 뿌리며 악귀를 쫓는 행사 | 追儺 액섣날, 섣날 그뭄밤에 궁중에서 하던 액신을 쫓기위한 액막이 행사 | 病 병 | 災害 재해 | 鬼に見立てる 귀신에 비기다, 귀신으로 가정하다 | 桃の弓 복숭아나무로 만든 활 | 葦の矢 갈대 화살 | 追い払う 쫓다, 쫓아버리다 | 変わる 변하다, 바뀌다

1 今日、節分というのはいつのことを指していますか。

_____

2 日本で行われる豆まきというのは、どんな行事ですか。

_____

3 豆をまくとき、どう言いますか。

_____

4 豆まきで、家の中にまいた豆はどうしますか。

_____

5 日本の豆まきは、どんな儀式がもとになって生まれましたか。

_____

助詞を入れ、語を適当な形にして文を作りましょう。

---

01 ～というのは～ことだ ~라는 것은 ~를 말한다, ~는 ~다

⋯▸ 節分**というのは**、立春・立夏・立秋・立冬の前の日の**ことです**。

세쓰분은 입춘·입하·입추·입동의 전 날입니다.

ⓐ 立春というのは、_____ことです。

ⓑ 厄年というのは、人の一生のうちで、_____年のことです。

---

02 ～ながら ~하면서

⋯▸ 大きな声で「鬼は外、福は内」を二回繰り返し**ながら**、豆をまきます。

큰 소리로 '귀신은 밖, 복은 안'을 두 번 반복하면서 콩을 뿌립니다.

ⓐ _____ながら、_____ないでください。

ⓑ _____ながら、_____ましょう。

---

03 ～ように／～ないように ［目的］ ~도록, ~하게 / ~하지 않게, ~하지 않도록 (목적)

⋯▸ 早く厄年が終わる**ように**願います。／鬼を入れ**ないように**すぐに戸を閉

めます。 빨리 액년이 끝나도록 빕니다. / 귀신이 들어오지 못하도록 바로 문을 닫습니다.

ⓐ もっと_____ように、説明してください。

ⓑ 遅刻しないように、_____方がいいですよ。

日本の鬼と中国の鬼

日本の鬼と言いますと、頭に角が二本生えていて、髪はパーマをかけたようにチリチリ、下の歯が鋭くとがった牙となって上に突き出た恐い顔を思い浮かべます。

しかし、中国で「鬼」というのは、亡くなった人が、迷ってこの世に化けて出てくる幽霊のことなので、鬼のイメージが日本と全然違います。ですから、中国の人が日本語の「仕事の鬼」という言葉を聞いて思い浮かべるのは、過労死か何かで死んで、この世を恨んで夜な夜な現れる幽霊になってしまうのです。

角が生える 뿔이 나다 ｜ パーマをかける 파마를 하다 ｜ チリチリ 꼬글꼬글, 곱슬곱슬 ｜ 鋭い 날카롭다, 예리하다 ｜ とがる 뾰족해지다, 예민해지다, 골내다 ｜ 牙 엄니 ｜ 突き出る 뚫고 나오다, 튀어나오다 ｜ 思い浮かべる 떠올리다, 마음속에 그리다 ｜ 亡くなる 죽다 ｜ 迷う 헤매다, 방황하다 ｜ 化ける 모습이 딴판으로 바뀌다, 둔갑하다 ｜ 幽霊 유령 ｜ イメージ(image) 이미지 ｜ 仕事の鬼 일 귀신, 일에만 열중하는 사람 ｜ 過労死 과로사 ｜ 恨む 원망하다 ｜ 夜な夜な 밤마다, 매일 밤 ｜ 現れる 나타나다, 드러나다

古代の追儺の儀式
（「広辞苑」より）

❶ 建国記念日 （2月11日）

　日本書記では日本国を統一して初代の天皇になったのは神武天皇とされています。もちろん神武天皇は科学的根拠のない神話上の人物なのですが、神武天皇が即位したとされる紀元前660年2月11日を、日本が建国された日として祝おうという動きが高まり、1966年に国民の祝日になりました。

❷ バレンタインデー （2月14日）

　2月14日は日本では「女性が男性にチョコレートをプレゼントする日」とされています。実はその起源は、メリーチョコレート社がこの日に東京の「伊勢丹」でチョコレートを販売したのがきっかけでした。

鬼が出てくる民話「桃太郎」

　民話「桃太郎」は、桃から生まれた桃太郎がきびだんごをもって鬼退治に行きます。鬼が住む鬼ヶ島に向かう途中で、犬・猿・雉に会いますが、彼らにきびだんごをあげて仲間にし、協力して鬼を退治するというお話です。では、その書き出しを載せておきましょう。

　「むかし、むかし、ある所におじいさんとおばあさんが住んでいました。おじいさんは山へしば刈りに、おばあさんは川へ洗濯に行きました。すると大きな桃が流れてきました。喜んだおばあさんはその桃を背中に担いで帰りました。桃を切ろうとすると、桃から大きな赤ん坊が出てきました。…」

● 실력을 확인해 보세요.

1 ひらがな（下線部）のところを、漢字で書いてください。

① まめまき
（　　　　　）

② たいせつ
（　　　　　）

③ おこなう
（　　　　　）

④ しゅじん
（　　　　　）

⑤ げんざい
（　　　　　）

⑥ かぞく
（　　　　　）

⑦ ふうしゅう
（　　　　　）

⑧ 20せいき
（　　　　　）

⑨ こわい　かお
（　　　）（　　　）

2 漢字のところ（下線部）の読み方を、ひらがなで書いてください。

① 立春
（　　　　　）

② 旧暦
（　　　　　）

③ 福を　招く
（　　　）（　　　）

④ 玄関
（　　　　　）

⑤ 繰り返す
（　　　）（　　　）

⑥ 長男
（　　　　　）

⑦ 厄年
（　　　　　）

⑧ 病
（　　　　　）

⑨ 角が　生える
（　　　）（　　　）

3 （　）に助詞（ひらがな一字／要らないときは×）を入れてください。

① 今（　）は「節分」（　）いえば、立春（　）指すもの（　）なりました。

② この日は旧暦（　）冬（　）最後、一年（　）終わり（　）日（　）当たります。

③ 戸（　）全部（　）開けて、大きな声（　）「鬼は外、福は内」（　）言いながら、豆（　）まきます。

④ 日本（　）鬼は、頭（　）角（　）二本（　）生えていて、下（　）歯（　）鋭くとがった牙（　）なって、上（　）突き出ています。

4 _____部に、適当な語を選んで、文を完成させてください。

（あたる／むかえる／おこなう／つたわる）

①　その事故のニュースは、たちまち私たちの間に _____。

②　日本語の「ただいま」に _____ 韓国語はなんですか。

③　空港まで友だちを _____ に行きました。

④　来週の月曜日、期末試験を _____ます。

5 _____部に、適当な語を選んで、文を完成させてください。

（といえば／ぐらい／ように／というのは）

①　あなたが好きな_____すればいいです。

②　最も幸せな人_____、「足る」ことを知っている人である。

③　あと一ヶ月_____あれば、工事は完成するですが、……。

④　節分_____、豆まきを思い出しますね。

6 （　　　）の語の形を変えて文を作ってください。

①　同じ失敗は（繰り返す→　　　　　）ように、（注意する→　　　　　）なさい。

②　人は（助ける→　　　　　）（あう→　　　　　）ながら、（生きる→　　　　　）
　　（いく→　　　　　）なければなりません。

③　赤ちゃんが（眠れる→　　　　　）ように（静か→　　　　　）して。

④　コピーを（する→　　　　　）終えたら、（帰る→　　　　　）もいいよ。

---

4 事故 사고　たちまち 곧, 금세, 갑자기　期末試験 기말 시험　**5** 最も 가장　幸せ(な) 행복(한)　足る 충분하다, 만족하다
工事 공사　完成する 완성되다, 완성하다　思い出す 생각해 내다, 회상하다　**6** 失敗 실패　注意する 주의하다　助ける 돕다
赤ちゃん 아기　眠れる 잠들다

Part 03

３月の行事とくらし

3월의 행사와 생활

女の子の「ひな祭り」

＜おひなさま＞

「ひな祭り」は、３月３日に　おひなさま（ひな人形）を飾って、女の子の幸福と美しく成長することを願う行事です。もとは、中国から伝わった上巳の節句でした。中国では、この日は厄日とされる日でしたから、古くは河原でみそぎをしたり、桃の花を浮かべた酒を飲んだり、桃の葉を入れたお風呂に入って、無病息災を願いました。

そのため、「桃の節句」とも呼ばれます。

昔から中国には、桃の花は長寿のシンボルで、魔よけの力があるという言い伝えがあります。しかし、「桃の節句」は

＜流しひな＞

旧暦の３月３日なので、現在、日本で「ひな祭り」が行われる新暦の３月３日ごろに咲いているのは梅の花だけで、桃の花はまだ咲いていませんね。

　やがて「桃の節句」には、人のけがれや災いなどを人形に移して川に流し、不浄を払う行事が行われるようになりました。この「流しびな」から「ひな祭り」が生まれたそうです。この「流しびな」の風習は、今もまだ日本各地に残っています。

　おひなさまは、「ひな祭り」の１〜２週間前に飾ります。飾る前の日には桃酒やひし餅などをお供えします。そして家族や仲のいい友だちを呼んで、ごちそうしてもて なします。昔から、おひなさまをいつまでも出しておくと、婚期が遅れると言われていますが、これは「片づけのできない娘は、いいお嫁さんになれないよ」という意味なのでしょう。

ひな祭り 3월 3일 여자 아이의 명절에 하는 행사 ｜ ひな人形 히나마쓰리의 제단에 진열하는 작은 인형들 ｜ 飾る 장식하다 ｜ 幸福(な) 행복(한) ｜ 成長する 성장하다 ｜ 願う 기원하다, 바라다, 원하다 ｜ 上巳の節句 일본의 다섯 명절의 하나 ｜ 厄日 액일, 재앙이 일어나는 날 ｜ 河原 강변 ｜ みそぎ 목욕재계 ｜ 無病息災 무병식재, 병도 재난도 없음 ｜ 長寿 장수 ｜ シンボル(simbol) 상징 ｜ 魔よけ 미기를 쫓음 ｜ 言い伝え 전설, 구전 ｜ けがれ 더러움, 추악함, 불결 ｜ 災い 새앙, 재난, 화 ｜ 移す 옮기다 ｜ 不浄を払う 부정한 것을 떨쳐내다 ｜ 各地 각지 ｜ ひし餅 마름모꼴로 자른 떡 ｜ 供える 신불에게 올리다 ｜ 仲がいい 사이가 좋다 ｜ ごちそうする 대접하다, 맛있는 요리를 대접하다 ｜ もてなす 대접하다, 환대하다 ｜ 婚期が遅れる 혼기를 놓치다 ｜ 片づけ 정리, 정돈 ｜ お嫁さん 아내, 며느리

1　ひな祭りというのは、どのような行事ですか。

_____

2　「上巳の節句」は、中国ではどんな日だと考えられていましたか。

_____

3　「上巳の節句」は、どうして「桃の節句」と言われたのですか。

_____

4　「流しびな」というのは、どのような意味を持った行事ですか。

_____

5　どうして、おひなさまをいつまでも出しておいてはいけないのですか。

_____

助詞を入れ、語を適当な形にして文を作りましょう。

---

01 まだ 아직, 계속, 여태껏

⋯⋯▸ 桃の花は**まだ**咲いていません。／「流しびな」の風習は、今も**まだ**残っています。 복숭아꽃은 아직 피지 않습니다. / '나가시히나'의 풍습은 지금도 계속 남아 있습니다.

ⓐ 「もうお昼ご飯は食べましたか」「いいえ、まだ＿＿＿＿＿＿＿。」

ⓑ 「李さんは、まだお風呂に入っていますか」「はい、まだ＿＿＿＿＿＿＿＿＿＿。」

---

02 ～ようになる ~하게 되다, ~하도록 되다

⋯⋯▸ 人のけがれを人形に移して川に流し、不浄を払う行事が行われる**ようになり**ました。 인간의 추악함을 인형에 옮겨서 강물에 떠내려 보내며 부정한 것을 떨쳐내려는 행사를 하게 되었습니다.

ⓐ あなたが親になれば、ご両親の気持ちも＿＿＿＿＿＿＿＿ようになるでしょう。

ⓑ 練習すれば、もっと上手に＿＿＿＿＿＿＿＿＿ようになります。

---

03 ～そうだ ~한다고 한다(전문)

⋯⋯▸ この「流しびな」から「ひな祭り」が生まれた**そうです**。
이 '나가시히나'에서 '히나마츠리'가 생겨났다고 합니다.

ⓐ 先生の話によると、＿＿＿＿＿＿＿＿＿＿＿＿＿＿そうです。

ⓑ 言い伝えによると、＿＿＿＿＿＿＿＿＿＿＿＿＿＿そうです。

春分の日

お彼岸と墓まいり

　3月21日ごろを「春分の日」と言い、国民の祝日となっています。春分の日は昼と夜が同じ長さになる日ですが、昔の人はこの日を春の訪れを祝う日としていました。また、この日の前後三日を「お彼岸」と言って、ご先祖への感謝の気持ちを伝えるために、お墓まいりをする日本独自の仏教行事があります。

彼岸とは迷いのない、悟りの世界を言うのですが、彼岸は春分の日と秋分の日の前後三日、一年に二回あり、春は三月十八日ごろ、秋は九月二十日ごろが彼岸の入りとなります。

春分の日 춘분날 | **彼岸** 춘분이나 추분의 전후 각 3일을 합친 7일간 | **墓まいり** 성묘 | **春の訪れ** 봄이 옴 | **先祖** 선조, 조상 |
感謝 감사 | **独自** 독자 | **仏教行事** 불교 행사 | **迷い** 방황, 미혹 | **悟り** 깨달음 | **世界** 세계 | **彼岸の入り** 히간의 첫날

仏壇のお話

　日本人の家なら、ほとんどどこにでもあるのが仏壇です。朝と晩、お線香をたいたり、お水や食べ物を供えたりして、ご先祖を供養します。

❶ ひな祭り（3月3日）

❷ 国際婦人デー（3月8日）

　1904年の3月8日、ニューヨークの女性労働者たちが女性参政権の運動を起こしたのを記念して、国際婦人デーが定められました。日本では、敗戦後に選挙法改革が行われ、女性の選挙権が認められました。1946年4月、女性が参加した初の衆議院選挙では、39名の女性議員が生まれています。

❸ 卒業式のシーズン

　日本では、卒業式は3月に行われるところが多く、春の季語になっているほどです。高等学校では上旬、大学・短大では下旬が多いでしょう。

❹ 春分の日（3月21日ごろ）

知っていますか、桃の起源

　『西遊記』の中で、孫悟空が天界・桃源郷の不老不死の桃を食べるお話がありますね。そのころの桃は「毛毛（もも）」と言われ、毛がいっぱい生えた硬い果物だったことをご存じですか。

　中国で生まれた桃は、中国からシルクロードで西域へ伝わりますが、中国から西へ行った桃は果肉が黄色くなりました。黄桃です。古代には日本にも桃が伝わったのですが、現在のような桃がつくられるようになったのは明治時代のことで、中国から伝わった品種から自然交雑で偶然生まれた白い桃を発見し、その後、品種改良が重ねられてきました。ですから、「白桃」は日本独特の桃なのです。

1 ひらがな（下線部）のところを、漢字で書いてください。

① こうふく
（　　　）

② せいちょう
（　　　　）

③ ぎょうじ
（　　　　）

④ いい　つたえ
（　）（　　）

⑤ おふろ
（　　　）

⑥ うめの花
（　　　）

⑦ むすめ
（　　　）

⑧ いみがわかる
（　　）（　）

⑨ はるのおとずれ
（　　）（　　）

2 漢字のところ（下線部）の読み方を、ひらがなで書いてください。

① 祭り
（　　　　）

② 人形
（　　　　）

③ 河原
（　　　　）

④ 長寿
（　　　　）

⑤ 災い
（　　　　）

⑥ 払う
（　　　　）

⑦ 婚期
（　　　　）

⑧ 彼岸
（　　　　）

⑨ 先祖
（　　　　）

3 （　）に助詞（ひらがな一字／要らないときは×）を入れてください。

① 中国（　）は、「桃の節句」（　）、桃（　）葉（　）入れたお風呂

（　）入って、無病息災（　）願いました。

② 日本（　）「ひな祭り」（　）行われる（　）は、新暦（　）３月３日

な（　）（　）、桃（　）花（　）まだ咲いていません。

③ 「流しびな」（　）風習は、今（　）まだ日本各地（　）残っています。

④ 昔（　）（　）、おひなさま（　）いつ（　）（　）も出しておく

（　）、婚期（　）遅れる（　）言われています。

4 _____部に、適当な語を選んで、文を完成させてください。

（もう／まだ／やがて／また）

① お腹がいっぱいで、_____これ以上食べられません。

② 日本に住んでいれば、_____日本語が話せるようになる。

③ 会場には、_____誰も来ていませんでした。

④ 今日も_____雨か。嫌になるなぁ。

5 _____部に、適当な語を選んで、文を完成させてください。

（の／こと／ため／ところ）

① 「国連」という_____は、国際連合の略です。

② 「待ちましたか。」「いいえ、私もたった今来た_____です。」

③ 私はそのような_____を言ってはいません。

④ 事故の_____、電車が止まっています。

6 （　　）の語の形を変えて文を作ってください。

① 彼女は、まだ家に（帰る→　　　　）（いる→　　　　）ようです。

② （練習する→　　　　）、やっとパソコンが（使う→　　　　）ようになった。

③ 普段から（復習する→　　　　）（おく→　　　　）ば、試験の（前→

　　　）（なる→　　　　）、（慌てる→　　　　）なくてもいい。

④ 友だちから（聞く→　　　　）話によると、京子さんが（近い→　　　　）

（結婚する→　　　　）そうだ。

---

4 お腹がいっぱい 배가 부르다　嫌(な) 싫(은), 언짢(은)　5 国際連合 국제연합　略 줄임　事故 사고

6 練習する 연습하다　普段 평소, 항상　復習する 복습하다　慌てる 당황하다, 허둥대다　結婚する 결혼하다

４月の行事とくらし

4월의 행사와 생활

花より団子

桜が咲く季節になると、家族や仲間、会社の同僚が桜の木の下に集まって、お弁当を広げて、お酒を飲んだり、歌を歌ったり……こんな光景が日本の至る所で繰り広げられます。これが日本の伝統行事「お花見」なのです。たぶんこんな風習は、日本でしか見られないのではないでしょうか。

花見が盛んに行われるようになったのは、江戸時代の元禄のころからだと言われています。花見には金持ちも貧乏人もありません。それぞれが集団を作り、弁当を持って出かけ、飲んで食って大騒ぎをし

<飲んで騒いで>

ます。それは、普段は士農工商という厳しい身分制度の中で生活している庶民にとって、羽を伸ばしてリフレッシュする絶好の機会であったようです。それは今も変わりません。花見のときは上司も部下も無礼講で飲んで騒ぐのですが、ときには裸になって踊り出す人が現れたり、酒の勢いでけんかが始まったりと大変な騒動になることもあります。「花見」で見るものはもちろん桜です。夜に花見をすることは夜桜見物と言います。しかし、庶民にとっては、桜よりも飲み食い騒ぐことの方が楽しみなのです。これを「花より団子」と言います。

　もしあなたが、日本人が花見を楽しんでいる光景を見たら、あなたの日本人観が変わるかもしれません。

<花見団子>

仲間 한패, 동료, 친구 | 同僚 동료 | 光景 광경 | 至る所 도처, 곳곳, 가는 곳마다 | 繰り広げる 펼치다, 전개하다 | 伝統 전통 | ～のではないでしょうか ~한 것은 아닐까요? | 盛ん(な) 활발(한), 한창(인), 맹렬(한) | 元禄 에도시대중기, 히가시야마 (東山) 천황때의 연호 | 金持ち 부자 | 貧乏人 가난한 사람 | それぞれ 각각, 각기, 각자 | 集団 집단 | 大騒ぎ 대소동 | 普段 평소, 항상 | 士農工商 사농공상 | 身分制度 신분제도 | 庶民 서민 | ～にとって ~에게 | 羽を伸ばす 날개를 펴다, 속박에서 벗어나다 | リフレッシュする(reflesh) 기분전환하다, 원기를 회복하다 | 絶好の機会 절호의 기회 | 上司 상사 | 部下 부하 | 無礼講 신분이나 지위의 상하를 가리지 않고 마음 놓고 즐기는 주연 | 裸 알몸, 벌거숭이 | 酒の勢い 술기운 | けんか 싸움, 다툼 | 騒動 소동 | 夜桜見物 밤 벚꽃 구경 | 花より団子 꽃보다 경단, 허울보다는 실속을 찾는 것

1 日本人は、花見に行ってどんなことをしますか。

_____

2 日本で花見が盛んになったのは、いつごろからですか。

_____

3 花見というのは、庶民にとってどのようなものなのですか。

_____

4 「花より団子」というのは、どういう意味ですか。

_____

5 金持ちも貧乏人も、上司も部下も差別がない飲み会をなんと言いますか。

_____

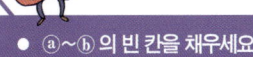
助詞を入れ、語を適当な形にして文を作りましょう。

---

01 ～のではないだろうか(でしょうか) ~한 것은 아닐까(요)?

···▶ たぶんこんな風習は、日本でしか見られない**のではないでしょうか**。

아마도 이런 풍습은 일본에서만 볼 수 있는 것이 아닐까요?

ⓐ 会社の業績も伸びていますから、給料も＿＿＿＿＿＿のではないで
しょうか。

ⓑ 空が暗くなってきたから、もしかして＿＿＿＿＿＿んじゃないか。

---

02 ～にとって ~에게, ~에게 있어서, ~로서

···▶ しかし、庶民**にとって**、桜よりも飲み食い騒ぐことの方が楽しみなの

です。 그러나 서민에게는 벚꽃보다도 먹고 마시며 떠들썩하게 노는 것이 더 즐겁습니다.

ⓐ 私たちにとって、一番大切なのは＿＿＿＿＿＿＿＿＿＿。

ⓑ それは＿＿＿＿にとって、初めての経験だった。

---

03 ～ようだ(感覚推量) ~인 것 같다(감각 추량)

···▶ 庶民が羽をのばして、リフレッシュする絶好の機会であった**ようです**。

서민이 속박에서 벗어나서 기분전환을 할 수 있는 절호의 기회였습니다.

ⓐ 寒気がします。どうも＿＿＿＿＿＿＿＿ようです。

ⓑ この靴、少しサイズが＿＿＿＿ようなので、＿＿＿＿のに換えてくださ
い。

梅と桜のお話

日本に梅がもたらされたのは、奈良時代、遣唐使が薬用として持ち帰ったのが最初のようです。この時代、花といえば梅を指しました。当時、梅は中国の文人たちに大変愛されていた花でしたから、中国文化を理想としていた当時の日本人にとって、梅こそ花の代名詞でした。しかし平安時代に入り、「かな」が作られ、遣唐使が廃止されると、しだいに国風文化と言われる独自の文化が形成されていきます。それにつれて、梅よりも昔から日本の山野に原生していた桜が尊ばれるようになり、やがて梅は桜と交代しました。このように桜が国花とされるようになったのは、国風文化の発展と密接な関係があったのです。

もたらす 가져오다, 초래하다 | **遣唐使** 견당사, 나라시대에 일본이 당나라에 파견했던 사절 | **薬用** 약용 | **〜として** ~로서 | **代名詞** 대명사 | **廃止する** 폐지하다 | **しだいに** 점차로 | **国風文化** 국풍 문화 | **独自** 독자 | **形成する** 형성되다, 형성하다 | **〜ていく** ~해가다 | **〜につれて** ~함에 따라서 | **原生する** 원생하다 | **尊ぶ** 존중하다 공경하다 | **国花** 국화 | **やがて** 이윽고, 머지않아 | **交代する** 교체되다, 교체하다 | **密接(な)** 밀접 (한)

「ひらがな」のもとになった漢字

安	あ	以	い	宇	う	衣	え	於	お
加	か	幾	き	久	く	計	け	己	こ
左	さ	之	し	寸	す	世	せ	曽	そ
太	た	知	ち	川	つ	天	て	止	と
奈	な	仁	に	奴	ぬ	祢	ね	乃	の
波	は	比	ひ	不	ふ	部	へ	保	ほ
末	ま	美	み	武	む	女	め	毛	も
也	や			由	ゆ			与	よ
良	ら	利	り	留	る	礼	れ	呂	ろ
和	わ							遠	を
无	ん								

❶ エイプリルフール （4月1日）

　4月1日は、エイプリルフールの日とされ、この日に嘘をついて、人を驚かせても許されることになっています。

❷ 花まつり（4月8日）

　4月8日は、お釈迦さま生誕の日です。今から 2500年前、ヒマラヤのふもと、カピラ国の太子として、ルンビニーの花園でお生まれになりました。

　お釈迦さまがご誕生のとき、あたりに花が一斉に咲き、音楽が流れ、甘い雨が降ってきたと言われます。そこで、今でもお寺では花御堂を花で飾り、天地を指さした誕生のお姿を安置して、甘茶をかけてお祝いする「花まつり」が行われます。

❸ 入学式のシーズン

　欧米では一般に9月に入学式がありますが、日本では入学式は桜が咲く春の恒例行事です。学習指導要領で「国旗を掲揚するとともに、国歌を斉唱するよう指導する」と定めたため、教育現場では様々な問題が発生しています。

❹ みどりの日 （4月29日）

　元は昭和天皇の「天皇誕生日」でしたが、現在は国民の祝日「みどりの日」に改名され、「自然に親しむとともにその恩恵に感謝し、豊かな心を育む日」となりました。

1 ひらがな（下線部）のところを、漢字で書いてください。

① きせつ
（　　　）

② かいしゃ
（　　　　）

③ はなみ
（　　　　）

④ かねもち
（　　　）

⑤ せいかつ
（　　　　）

⑥ じょうし
（　　　　）

⑦ たいへん
（　　　　）

⑧ たのしむ
（　　　　）

⑨ もち　かえる
（　　）（　　　）

2 漢字のところ（下線部）の読み方を、ひらがなで書いてください。

① 仲間
（　　　）

② 同僚
（　　　　）

③ 至る　所
（　　）（　　　）

④ 士農工商
（　　　）

⑤ 身分制度
（　　　　）

⑥ 羽を　伸ばす
（　　）（　　　）

⑦ 裸
（　　　）

⑧ 勢い
（　　　　）

⑨ 国風文化
（　　　　　）

3 （　）に助詞（ひらがな一字／要らないときは×）を入れてください。

① 桜（　）咲く季節（　）なる（　）、家族（　）仲間が桜（　）木（　）
下（　）集まって、お弁当（　）広げる。

② 花見（　）盛んに行われるようになった（　）は、元禄（　）ころ（　）
（　）だ（　）言われています。

③ 梅は奈良時代（　）遣唐使（　）薬用（　）して持ち帰った。

④ 中国文化（　）理想（　）していた当時（　）日本人（　）とって、梅
（　）（　）花（　）代名詞でした。

4 ＿＿＿＿＿部に、適当な語を選んで、文を完成させてください。

　　（それぞれ／ときに／もちろん／しだいに）

　① 人は＿＿＿＿＿＿考え方がちがう。

　② 私は雪国で育ちましたから、スキーは＿＿＿＿＿＿できます。

　③ 彼は＿＿＿＿＿＿私のところへ遊びに来ます。

　④ 台風が近づき、風雨が＿＿＿＿＿＿強くなってきた。

5 ＿＿＿＿＿部に、適当な語を選んで、文を完成させてください。

　　（にとって／について／として／につれて）

　① 日本人は主食＿＿＿＿＿＿お米を食べます。

　② その情報が事実かどうか＿＿＿＿＿＿調査しています。

　③ 年をとる＿＿＿＿＿＿記憶力が衰えてくる。

　④ あなた＿＿＿＿＿＿、一番大切なものは何ですか。

6 （　　）の語の形を変えて文を作ってください。

　① 彼は自分の利益しか（考える→　　　　　）と（する→　　　　　）。

　② 彼女は私の顔を全然（覚える→　　　　）（いる→　　　　）ようだった。

　③ あの元気がない顔から（見る→　　　　　）、彼、今日の試験はあまり
　　　（できた→　　　　　　）のではないでしょうか。

　④ かな文字は平安時代に（作る→　　　　　）と（言う→　　　　）いる。

4　雪国 눈이 많이 오는 지방　育つ 자라다, 크다　スキー 스키(ski)　台風 태풍　近づく 접근하다, 나/보이나　風雨 비바람

5　主食 주식　情報 정보　事実 사실　調査する 조사하다　記憶力 기억력　衰える 쇠퇴하다

6　利益 이익　全然～ない 전혀 ~하지 않다　文字 문자

Part 05

５月の行事とくらし

5월의 행사와 생활

「こどもの日」とゴールデンウイーク

＜菖蒲で縛った紙兜＞

　　ゴールデンウィークとは、4月末から5月初めに
かけて、多くの祝日が重なった大型連休のことを
言います。ゴールデン・ウィークには国民の祝日
である「みどりの日(4/29)」「憲法記念日(5/3)」
「国民の休日(5/4)」「こどもの日(5/5)」が含まれ
ます。これらの祝日と土日がうまくつながると、
1週間ほどの大型連休が発生します。

　　このゴールデンウィークの過ごし方は人によって色々ですが、子どもがいる
家庭では家族旅行に行くことが多いようです。この期間、日本の行楽地は子
ども連れの家族で溢れます。調査では、2006年の海外旅行者は過去最高の56万
人、国内旅行組が2000万人以上でしたから、ちょっとした民族大移動です。

<こいのぼり>

　さて、ゴールデンウイークの最終日にあたる5月5日は「こどもの日」です。古くは、「端午の節句」といって、男の子が強くたくましく育つことを祝う日でしたが、1948年に定められた国民の祝日法によって、男女の別なく、こどもの健全な発達を願う祝日となりました。しかし、もともと「端午の節句」の日だったので、菖蒲湯に入ったり、柏餅を食べたり、男の子のいる家では「兜」や「こいのぼり」「五月人形」を飾ったりします。

　この「こいのぼり」は、中国の昔話、急流だった黄河の竜門を昇りきったのが鯉だけだったという「鯉の滝登り」の話が元になっているようです。ここから、「登竜門」という言葉も生まれました。

<柏餅>

1 ゴールデンウイークというのは、なんですか。

_____

2 五月五日は「こどもの日」ですが、何年に定められましたか。

_____

3 五月五日は、昔、なんと呼ばれていましたか。それはどんな日でしたか。

_____

4 「こどもの日」には、どんなものを飾り、どんなものを食べますか。

_____

5 「こいのぼり」は、どんな話が元になって生まれましたか。

_____

助詞を入れ、語を適当な形にして文を作りましょう。

01　～から～にかけて　~에서 ~에 걸쳐서

‥‥▶ ゴールデンウィークとは、4月末から5月初めにかけての大型連休のことを言う。　황금연휴란 4월 말에서 5월 초에 걸친 대형 연휴를 말한다.

　ⓐ 昨夜は、＿＿＿＿＿＿から＿＿＿＿＿にかけて、何度か強い地震がありました。

　ⓑ 日本では＿＿＿＿＿＿から＿＿＿＿＿にかけて、梅雨のシーズンです。

02　～によって［対応］　~에 따라서(대응)

‥‥▶ ゴールデンウィークの過ごし方は人によっていろいろです。
황금연휴를 보내는 방법은 사람에 따라서 가지가지입니다.

　ⓐ 時間によって、忙しいときもあるし、＿＿＿＿＿＿＿ときもある。

　ⓑ ＿＿＿＿＿によって＿＿＿＿＿も違うから、「郷に入れば郷に従え」だよ。

03　～によって［基準・根拠］　~에 의해서, ~에 따라서(기준, 근거)

‥‥▶ 祝日法によって、男女の別なく、こどもの健全な発達を願う祝日となった。　축일법에 의해서 남녀의 구별 없이 아이들의 건전한 발달을 기원하는 축일이 되었다.

　ⓐ 学生の＿＿＿＿＿によって、クラスを三つに分けることにしました。

　ⓑ 未成年者の飲酒は、＿＿＿＿＿＿によって禁止されている。

「母の日」とカーネーションのお話

　　1907年、米国のアンナ・ジャービスが亡き母の追悼会で、母親の好きだったカーネーションを参列者たちに配りました。これが米国全土へ広がり、1914年には米議会で5月の第2日曜を「母の日」と定めました。

　日本では、教会の働きかけなどもあり、1949年ごろから「母の日」が年中行事として、一般に定着しました。現在でも、子どもが母親にカーネーションを贈ったり、日ごろの感謝を示す日として受け継がれています。

　カーネーションの花言葉は、母の愛情、清らかな愛などで、母性愛を表します。赤いカーネーションは「健在する母の愛情」、白いカーネーションは「亡き母から受けた愛情」を表しています。

追悼会 추도회 | カーネーション(carnation) 카네이션 | 参列者 참례자, 참렬자 | 配る 나누어주다, 분배하다 | 全土 전토 | 議会 의회 | 定める 정하다, 결정하다 | 教会 교회 | 働きかけ 작용, 운동 | 年中行事 연중행사 | 一般に 일반, 일반적으로, 대체로 | 定着する 정착하다 | 感謝を示す 감사의 마음을 나타내다 | 受け継ぐ 이어받다, 계승하다 | 花言葉 꽃말 | 清らか(な) 맑(은), 깨끗(한) | 母性愛 모성애 | 表す 나타내다 | 健在する 건재하다

菖蒲湯

　端午の節句は厄除けの行事が行われる日で、中国では災厄を払う薬草として菖蒲を使っていたので、「菖蒲の節句」とも呼ばれます。現在の日本ではお風呂に入れて菖蒲湯にする風習が最も身近なようです。

❶ メーデー (5月1日)

国際労働者祭。労働組合を中心に集会やデモ行進が行われます。

❷ 憲法記念日 (5月3日)

　1947年5月3日、日本国憲法が発布されました。それを記念してこの日が国民の祝日と定められました。以来、 50年にわたってこの憲法は全く改正を加えられることなく継続し、天皇象徴制・三権分立・民主主義・人権尊重・平和主義などを謳っています。

　憲法に関してよく議論されるのが、第九条の問題です。

　(1) 第九条、日本国民は、正義と秩序を基調とする国際平和を誠実に希求し、国権の発動たる戦争と、武力による威嚇または武力の行使は、国際紛争を解決する手段としては、永久にこれを放棄する。

　(2) 前項の目的を達するため、陸海空軍その他の戦力は、これを保持しない。国の交戦権は、これを認めない。

　この第九条を改正するかどうかが、日本の国政上、最大の焦点になっていて、憲法記念日には、護憲派と改憲派がそれぞれ集会を開き、激しくぶつかっています。

❸ こどもの日 (5月5日)

❹ 国民の休日 (5月4日)

　「国民の休日」は、働きすぎの現代人に休日を増やそうということで定められました。

❺ 母の日 (5月第2日曜日)

1 ひらがな（下線部）のところを、漢字で書いてください。

① ふくむ
（　　　　）

② すごしかた
（　　）（　　）

③ かいがい旅行
（　　　　）

④ だんじょ
（　　　　）

⑤ ねがう
（　　　　）

⑥ むかしばなし
（　　　　）

⑦ ことば
（　　　　）

⑧ きょうかい
（　　　　）

⑨ あいじょう
（　　　　）

2 漢字のところ（下線部）の読み方を、ひらがなで書いてください。

① 憲法
（　　　　）

② 大型連休
（　　　　　）

③ 行楽地
（　　　　）

④ 溢れる
（　　　　）

⑤ 民族
（　　　　）

⑥ 健全
（　　　　）

⑦ 急流
（　　　　　）

⑧ 追悼会
（　　　　　）

⑨ 亡き　母
（　　）（　　）

3 （　）に助詞（ひらがな一字／要らないときは×）を入れてください。

① ゴールデンウィーク（　）は、4月末（　）（　）5月初め（　）かけて、祝日（　）重なった大型連休（　）こと（　）言います。

② 祝日（　）土日（　）うまくつながる（　）、1週間（　）（　）の大型連休（　）発生します。

③ 子ども（　）いる家庭（　）は家族旅行（　）行くこと（　）多いようです。

④ 1949年（　）（　）から「母の日」（　）年中行事（　）して、一般に定着しました。

4 _____部に、適当な語を選んで、文を完成させてください。

（つながる／あふれる／うまれる／そだつ）

① 100メートル走で世界新記録が_____。

② 島と島が、橋で_____いる。

③ 思わず涙が_____きた。

④ 彼は子どものとき、アメリカで_____ので、英語が上手だ。

5 _____部に、適当な語を選んで、文を完成させてください。

（にかけて／によって／によると／に対して）

① 明日は、ところ_____雨が降るでしょう。

② 昨夜から今朝_____雪が降りました。

③ 彼女は誰_____も親切だ。

④ 新聞_____、近く消費税が上がるらしい。

6 （　　）の語の形を変えて文を作ってください。

① その少女は（大きい→　　　　）（なる→　　　　）につれて、美しい娘に
　（成長する→　　　　　）。

② 今、（勉強する→　　　　）（おく→　　　　）と、後で後悔するよ。

③ 弱い者を（いじめる→　　　　）りして、あなたは人として（恥ずかしい→
　　　　　　）のですか。

④ 持ち金を全部（使う→　　　　）きって、夕飯代も（ある→　　　　　）。

---

4 世界新記録 세계 신기록　島 섬　橋 나리　思わず 엉겁결에, 나도 모르게　涙 눈물　**5** 昨夜 어젯밤, 간밤　今朝 오늘 아침
親切(な) 친절(한)　新聞 신문　近く 머지않아　消費税 소비세　**6** 少女 소녀　美しい 아름답다　娘 딸, 미혼 여성　成長する
성장하다　後悔する 후회하다　恥ずかしい 부끄럽다, 창피하다　持ち金 가진 돈　夕飯代 저녁 밥값

47

６月の行事とくらし

6월의 행사와 생활

露天風呂の日と混浴の伝統

　　６月26日は露天風呂の日です。大きな温泉地に行けば、ほとんど露天風呂がありますが、広い屋外で風呂に入るのも開放的で、気分が変わってよいものです。混浴のところも各地に残っていますが、混浴の露天風呂では女性客の方が元気がよく、男性客は恥ずかしそうに下を向いているケースが多いようです。

　　日本には「入込み湯」と言って、古くから混浴の風習がありました。奈良時代の「風土記」にも、こんこんと涌き出る温泉に、老若男女の区別なく、みんなが喜んで入ったと書いてあります。

江戸時代の中期にはたびたび混浴禁止令が出され、やがて男女別の銭湯が生まれるのですが、地方の温泉地では男女がいっしょに温泉につかり、お互いの背中を流し合うのは当たり前のことでした。今でも混浴の露天風呂はたくさんありますが、入口は男女別でも、中に入ると混浴浴場というところも多いですから、混浴が嫌な人は、事前によく調べておきましょう。

　さて、外国の皆さんにもう一つ気をつけてもらいたいことがあります。日本でお風呂というと湯風呂で、ゆっくり湯につかるのが習慣です。よく外国の人がホームステイすると、お風呂が終わった後、湯を抜いてしまうそうです。しかし日本では、お風呂に入る前に体を洗います。

　湯風呂にはつかるだけで、浴槽の中で体を洗いませんから、お湯は汚れないのです。これは日本での入浴のマナーなので、覚えておいてください。「郷に入れば郷に従え」ですよ。

＜家庭の湯風呂＞

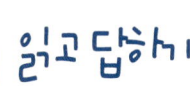

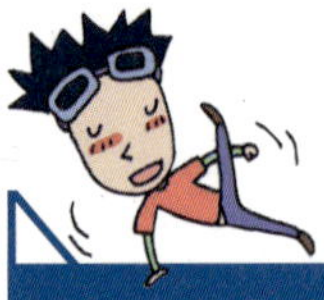

읽고 답하기

● 독해문을 읽고 다음 빈 칸을 채우세요.

1 露天風呂というのは、どのような風呂のことですか。

____

2 露天風呂はどのような点がいいのですか。

____

3 混浴の風習は、昔はなんと呼ばれていましたか。

____

4 江戸時代になって、混浴の風習はなくなりましたか。

____

5 日本の湯風呂に入るとき、気をつけなければならないことはなんですか。

____

助詞を入れ、語を適当な形にして文を作りましょう。

01　～そうだ [様態] ~일 것 같다, ~인 듯하다(양태)

···▶ 男性客は恥ずかしそうに下を向いているケースが多いようです。

남자 손님은 부끄러운 듯이 아래를 내려다보고 있는 경우가 많습니다.

ⓐ _____そうなケーキ、買っていこうよ。

ⓑ _____そうに見えるけれど、実際にやるのは難しいよ。

02　～てある ~해 있다, ~되어 있다

···▶ ……温泉に、老若男女の区別なく、みんなが喜んで入ったと書いて**あ
り**ます。　……온천에 남녀노소 구별 없이 모두가 기뻐하며 들어가 있다고 쓰여 있습니다.

ⓐ 玄関のドアに「猛犬に注意」という札が_____あった。

ⓑ「もう夕ご飯の準備は終わりましたか」「はい、もう_____あ
ります。」

03　～ておく [準備] ~해 두다, ~해 놓다(준비)

···▶ 混浴が嫌な人は、事前によく調べて**おき**ましょう。

혼욕을 싫어하는 사람은 사전에 잘 조사해 둡시다.

ⓐ _____おいたお菓子を、弟に食べられてしまった。

ⓑ _____を冷蔵庫に入れて、_____おきましょう。

衣替えと入梅

　衣替えは季節に応じて衣服を着替えることを言います。季節の変化がはっきりしている日本特有の習慣です。現在では、気候に合わせて何を着ても自由という風潮になっていますが、和服では今もこの習慣が厳格に守られていて、6月1日からは「単」（夏物）、10月1日からは「袷」（冬物）と決められています。

　梅雨の季節に入ることを入梅といいますが、これ以後約一ヶ月間ほど雨が続き、うっとうしい期間になります。「梅雨」という言葉は、ちょうど梅の実が熟すころに雨が降ることからつけられたと言われています。

衣替え 철에 따라 옷을 갈아입음 | 入梅 장마철에 접어듦 | ～に応じて ～에 맞게, ～에 따라 | 衣服 의복 | 着替える 갈아입다 | 特有 특유 | 気候 기후 | ～に合わせて ～에 맞춰서 | 風潮 풍조 | 和服 일본 옷, 일본 전통 옷 | 厳格(な) 엄격(한) | 単 홑돈 | 袷 겹옷, 겹것 | 梅雨 장마 | うっとうしい 음울하다, 마음이 개운치 않다 | 実が熟す 과실이 익다 | ～ことから ～한 점에서, ～한 때문에

衣替え

　江戸時代の武家社会では年4回も衣替えをしていたそうです。衣替えが6月1日と10月1日になったのは明治以降で、学校や官公庁、銀行など制服を着用するところでは、現在もほとんどこの日に行われています。

❶ 環境の日（6月5日）

　6月5日は「環境の日」です。1972年6月5日、第一回の地球サミット「国連人間環境会議」が開かれたのを記念して「世界環境デー」が制定されました。日本でも翌年からこの日を「環境の日」と定め、各地の環境保護団体が、クリーンアップ作戦などの運動をこの日を中心に展開しています。

❷ 海外移住の日（6月18日）

　1908年（明治41年）6月18日、日本から初の集団移住者781名を乗せた笠戸丸がブラジルのサントス港に到着しました。この後、中南米や北米への移民が相次ぎますが、入植した人たちは厳しく辛い生活を送りながら、これらの国々で日系人社会を築きました。ペルーのフジモリ前大統領のことは有名です。

❸ 父の日（6月第3日曜日）

　日ごろ一生懸命働いている父親に感謝する日として、6月の第3日曜日が、「父の日」として制定されました。米国の家庭では白いバラを贈りますが、日本では「愛する人の無事を願う」という気持ちを込めて、父の日には「黄色いリボン」を贈ることもあります。

❹ 露天風呂の日（6月26日）

1 ひらがな（下線部）のところを、漢字で書いてください。

① おんせん
（　　　　）

② げんき
（　　　　　）

③ ちほう
（　　　　）

④ じぜんに
（　　　　）

⑤ ゆを ぬく
（　　）（　　）

⑥ からだ
（　　　　）

⑦ へんか
（　　　　）

⑧ きこう
（　　　　　）

⑨ じゆう
（　　　　）

2 漢字のところ（下線部）の読み方を、ひらがなで書いてください。

① 屋外
（　　　　　）

② 気分
（　　　　　）

③ 湧き 出る
（　　）（　　　）

④ 老若男女
（　　　　　　）

⑤ 銭湯
（　　　　　）

⑥ 習慣
（　　　　　）

⑦ 汚れる
（　　　　　）

⑧ 梅雨
（　　　　　）

⑨ 風潮
（　　　　　）

3 （　）に助詞（ひらがな一字／要らないときは×）を入れてください。

① 広い屋外（　）風呂（　）入る（　）も開放的で、気分（　）変わって
よいものです。

② 日本（　）は「入込み湯」（　）言って、古く（　）（　）混浴
（　）風習（　）ありました。

③ 外国（　）皆さん（　）気（　）つけてもらいたいこと（　）あります

④ 日本（　）は、湯風呂（　）はつかる（　）（　）で、浴槽（　）中
（　）体（　）洗いません。

4 ＿＿＿＿＿部に、適当な語を選んで、文を完成させてください。

（ほとんど／たびたび／ゆっくり／はっきり）

① 言いたいことがあれば、＿＿＿＿＿＿言いなさい。

② 今日一晩、＿＿＿＿＿＿考えてから、返事をします。

③ この仕事を今日中に終わらせるのは、＿＿＿＿＿＿不可能です。

④ ＿＿＿＿＿＿電話して、申しわけありません。

5 ＿＿＿＿＿部に、適当な語を選んで、文を完成させてください。

（と／とき／まえ／あと）

① 東京に来る＿＿＿＿＿＿、大阪に住んでいました。

② 道を渡る＿＿＿＿＿＿、車に気をつけましょう。

③ この道をまっすぐ行く＿＿＿＿＿＿、駅があります。

④ この論文を読んだ＿＿＿＿＿＿で、感想を聞かせてください。

6 （　　　）の語の形を変えて文を作ってください。

① その鞄、ポケットがたくさん（ある→　　　　）、（便利→　　　　）そうですね。

② ビールは冷蔵庫に（入れる→　　　）（冷やす→　　　）ある。

③ 後で（読む→　　　）おきますから、そこに原稿を（置く→　　　）（おく→　　　）ください。

④ ご主人がお（帰る→　　　）になったら、山田から電話が（ある→　　　）とお（伝える→　　　）ください。

---

4 一晩(ひとばん) 하룻밤　返事(へんじ) 대답　不可能(ふかのう)(な) 불가능(한)　**5** 道を渡る(みち わたる) 길을 건너다　駅(えき) 역　論文(ろんぶん) 논문　感想(かんそう) 감상
6 ポケット(pocket) 주머니　冷蔵庫(れいぞうこ) 냉장고　原稿(げんこう) 원고　伝える(つたえる) 전하다

７月の行事とくらし

7월의 행사와 생활

天の川伝説と「七夕まつり」

　七夕といえば、牽牛と織姫が、年に一度だけ天の川を渡って会うことができるという、悲しくロマンあふれる恋の物語を思い出しますね。

　この伝説が中国から日本に伝わったのは、奈良時代だそうです。この牽牛星と織姫星の伝説と、日本古来の棚機津女（たなばたつめ）の信仰が混ざり合って、星に技芸の上達やお米の豊作を祈る宮中行事が生まれました。それで7月7日が「たなばた」と呼ばれているのです。

　江戸時代になると、七夕の行事は民間にも広がりました。笹竹に願いごとを書いた短冊を飾るスタイルもこのころ定着したようです。この短冊を飾るのは

　6日の夜で、7日には七夕飾りを海や川へ流します。しかし、現在は環境汚染問題から川や海に流せなくなったため、神社で燃やしてもらうのが一般的なようです。全国各地で七夕まつりが行われていますが、中でも仙台と平塚の七夕まつりが有名です。街は和紙と竹でつくられた豪華な七夕飾りで埋め尽くされます。

　さて、もともと日本では旧暦の七夕でお祝いをしていたのですが、明治に太陽暦へ移行してからは、しだいに新暦で行われるようになりました。ところが新暦の7月7日は梅雨の真っ最中なのです。もしその晩に雨が降って川を渡ることができないと、牽牛と織姫はその年はもう会えません。ですから、七夕の晩は雨が降らないようにお祈りしましょうね。

＜七夕まつり＞

天の川 은하수 ｜ 伝説 전설 ｜ 七夕 칠석 ｜ ～といえば ~라면, ~라고 하면 ｜ 牽牛 견우 ｜ 織姫 직녀 ｜ ロマンあふれる 낭만이 넘치다 ｜ 恋の物語 사랑 이야기 ｜ 思い出す 생각해내다, 회상하다 ｜ 牽牛星 견우성 ｜ 織姫星 직녀성 ｜ 古来 고대, 예로부터 ｜ 信仰 신앙 ｜ 混ざり合う 서로 섞이다, 뒤섞이다 ｜ 技芸 기예 ｜ 上達 기능이 향상됨 ｜ 豊作 풍작 ｜ 祈る 기원하다 ｜ 宮中行事 궁중행사 ｜ 笹竹 조릿대 ｜ 短冊 와카나 하이쿠 등을 쓰는 조붓하고 누꺼운 종이 ｜ 飾る 장식하다 ｜ スタイル(style) 스타일, 양식 ｜ 定着する 정착하다 ｜ 環境汚染 환경오염 ｜ 神社 신사 ｜ 燃やす 태우다 ｜ 一般的 일반적 ｜ 中でも 그 중에서도 ｜ 和紙 일본 종이 ｜ 豪華(な) 호화(로운) ｜ 埋め尽くす 가득 채우다, 가득 메우다 ｜ 移行する 이행하다 ｜ ところが 그런데 ｜ 梅雨 장마 ｜ 真っ最中 한창 ~인 때

1 七夕に関係が深い物語はなんですか。

_____

2 どうして7月7日が「たなばた」と呼ばれるようになりましたか。

_____

3 笹竹に飾る短冊には何を書きますか。

_____

4 どうして最近、七夕飾りが海や川に流せなくなりましたか。

_____

5 今の日本では、どうして七夕が梅雨の季節に行われているのですか。

_____

助詞を入れ、語を適当な形にして文を作りましょう。

01 〜といえば ~라면, ~라고 하면

七夕といえば、牽牛と織姫が年に一度だけ……という物語を思い出します。　칠석이라고 하면 견우와 직녀가 일 년에 한 번……이라는 이야기가 생각납니다.

ⓐ ＿＿＿＿＿といえば、もう何年も会っていないなぁ。

ⓑ 子どものころといえば、＿＿＿＿＿＿＿＿＿＿を思い出します。

02 〜てもらう ~해 주다(~해 받다)

七夕飾りを海や川へ流して、神さまに持ち去ってもらいます。
칠석 장식을 강이나 바다에 떠내려 보내서 신이 가지고 가게 합니다.

ⓐ 私はソンさんに＿＿＿＿＿まで、車で＿＿＿＿＿もらいました。

ⓑ 高いですね。もう少し＿＿＿＿＿もらえませんか。

03 〜ため(に) [原因・理由] ~때문(에), ~해서〔원인·이유〕

川や海に流せなくなったため、神社で燃やしてもらうのが一般的なようです。　강이나 바다에 떠내려 보낼 수 없게 되어 신사에서 태우는 것이 일반적입니다.

ⓐ ご迷惑をおかけして申し訳ありません。ただ今、＿＿＿＿＿ため、電車が遅れております。

ⓑ ＿＿＿＿＿ために、試験が受けられませんでした。

お中元の起源

お中元というと、7月のはじめから15日くらいまでに、日ごろお世話になっている親戚や上司に、品物を贈る日本の習慣ですが、もとは日付を表すことばで、その起源は中国にあります。お中元の「中元」は旧暦の7月15日で、道教の習俗「三元（上元・中元・下元)」の一つです。道教ではこの日を贖罪の日として、神に食物を供えてお祀りし、人々をもてなす習慣がありました。これが日本に伝わり、お盆と結びついたのが中元で、お盆に一族が先祖の霊に捧げる品を持ち寄ったのが始まりだと言われています。

| お中元 중원 | 日ごろ 평소, 평상시 | 親戚 친척 | 上司 상사 | 日付 날짜 | 起源 기원 | 道教 도교 | 習俗 습속 |
| 贖罪 속죄 | お盆 백중맞이, 음력 7월 15일 | 結びつく 결부되다, 밀접한 관계를 갖다 | 霊に捧げる 각자 가지고 모이다, 추렴하다 |
| 持ち寄る |

＜七夕のときの夜空＞

7月(文月)の暦

칠월의 특별한 날

❶ 七夕（7月7日）

❷ 土用の鰻

　土用とは、立春・立夏・立秋・立冬の前18日間を言いますが、今では立秋の前だけを土用と呼んでいます。ちょうど大暑の少し前から終わりまでの「暑中」にあたります。土用の入りは、だいたい7月の20日ごろになります。日本には土用の丑の日は「う」のつくものを食べる習慣があります。うどん・梅干・うり・鰻などさまざまですが、夏の疲労をとり、夏痩せを防ぐというのが目的のようです。特に「土用の鰻」と言って、鰻を食べるのが一種の夏の行事になっています。

❸ 海の日（7月第3月曜日）

＜朝鮮と日本を結んだ古代船（復元）＞

　7月の第3月曜日は、「海の日」です。もとは「海の記念日」と呼ばれていましたが、 その後、1996年に「みんなで海のことを考え、海に親しみ、海を大切にしましょう」という趣旨に立って、国民の祝日「海の日」となりました。

　日本は周りを海で囲まれた海洋国で、海との関わりはとても深いです。古来、文化は中国・朝鮮から海を渡ってもたらされましたし、今も日本と外国との間で行われる貿易の99.8%が海上輸送に支えられています。また海は、魚や貝や昆布など、豊かな水産物を提供してくれています。ところが、普段日本人はこの海の恵みを忘れているようです。そこで、この「海の日」が制定されました。

● 실력을 확인해 보세요.

1 ひらがな（下線部）のところを、漢字で書いてください。

① わたる
（　　　　）

② かなしい
（　　　　）

③ ほし
（　　　　）

④ かんきょう
（　　　　）

⑤ じんじゃ
（　　　　）

⑥ いっぱんてき
（　　　　）

⑦ うみにながす
（　）（　）

⑧ たけ
（　　　　）

⑨ しなもの
（　　　　）

2 漢字のところ（下線部）の読み方を、ひらがなで書いてください。

① 七夕
（　　　　）

② 物語
（　　　　　）

③ 伝説
（　　　　）

④ 定着する
（　　　　）

⑤ 汚染
（　　　　）

⑥ 行う
（　　　　）

⑦ 豪華
（　　　　）

⑧ 真っ最中
（　　　　　）

⑨ 世話
（　　　　）

3 （　）に助詞（ひらがな一字／要らないときは×）を入れてください。

① 七夕（　）いえば、牽牛（　）織姫が年（　）一度（　）（　）天の川
（　）渡って会うこと（　）できる（　）いう恋の物語（　）思い出す。

② 江戸時代（　）なる（　）、七夕（　）行事は民間（　）も広がった。

③ お中元（　）いうと、7月のはじめ（　）（　）15日くらいまで（　）、
日ごろお世話（　）なっている人（　）、品物（　）贈る日本の習慣です。

④ 道教（　）はこの日（　）贖罪（　）日（　）して、神（　）食物（　）
供えてお祀りし、人々（　）もてなす習慣（　）ありました。

4 _____部に、適当な語を選んで、文を完成させてください。

（おもいだす／ひろがる／もてなす／おくる）

① レモンの酸っぱさが、口いっぱいに_____。

② 宿題があったことを、突然_____。

③ ごちそうを作って、お客を_____。

④ 母の日にプレゼントを_____。

5 _____部に、適当な語を選んで、文を完成させてください。

（さて／ところが／もし／だから）

① 宝くじを拾った。_____それは一億円の当籤くじだった。

② それみろ。_____やめておけと言ったじゃないか。

③ _____私にできることがあったら、何でも言ってください。

④ _____、これからどうしたらいいだろうか。

6 （　　）の語の形を変えて文を作ってください。

① 「暖冬ですね」「ええ、（暖冬→　　　　）といえば、北京では旧正月の（前→　　　　）のに、気温が18度を（越える→　　　　）そうです。」

② なんでも（謝る→　　　　）ば、（許す→　　　　）もらえると、（考える→　　　　）方がいいよ。

③ （笑う→　　　　）過ぎたために、お腹が（痛い→　　　　）なった。

④ 誰にも（知られる→　　　　）ように、この手紙を彼女に（渡す→　　　　）いただけませんか。

---

4 酸っぱい 시다　突然 갑자기　ごちそう 맛있는 음식　5 宝くじ 복권　拾う 줍다　当籤くじ 당첨된 복권
6 暖冬 포근한 겨울　旧正月 음력 설　気温 기온　越える 넘다, 초과하다　謝る 사과하다　許す 용서하다　～過ぎる 너무 ~하다

Part 08

8月の行事とくらし

8월의 행사와 생활

Part
08
8月の行事とくらし

夏の風物詩、盆踊りと花火大会

　お盆は旧暦の7月15日を中心に行われる先祖供養の儀式で、先祖の霊があの世からこの世に戻ってくるという日本古来の信仰と、仏教が結びついてできた行事です。明治以後に多くの行事が新暦（太陽暦）に移行しましたが、お盆の行事だけは、今でも8月の同じ期間に行う地方が多いようです。だいたい8月13日の「迎え盆」から16日の「送り盆」までの4日間をお盆としています。

＜灯籠流し＞

　お盆の間に、人々はお墓まいりをして、お墓の掃除をします。自宅の仏壇もきれいに掃除して、花や季節の野菜を供えます。そして盆の終わりには、送り火をしてご先祖さまをあの世へ送り出す行事、灯籠流しがあります。京都の有名な「大文字焼き」（正式名：五山の送り火）は、これが大規模になったものです。日本人にとって、先祖供養のための、一年で一番大切な日と言える

でしょう。

　さて、お盆の期間に寺の境内や町の広場などでは盆踊りが行われます。村や町内会の恒例行事となって

＜高知の阿波踊り＞

いますから、日本人なら誰でも心に残る夏祭りや盆踊りの思い出があることでしょう。今でこそ、盆踊りというと、人々が櫓を囲んで太鼓を打ち、ゆかたを着て踊って楽しむ遊びのイメージしかありませんが、もともとはお盆に戻った霊を慰めて、送り出すための儀式だったのです。このお盆、盆踊りと切り離せないのが、夏の風物詩、花火大会でしょうね。

1 お盆というのは、どのような行事ですか。

_____

2 「あの世」というのはどういう意味ですか。

_____

3 灯籠流しというのは、何のために行う行事ですか。

_____

4 盆踊りは、もともとどのような意味を持っていましたか。

_____

5 お盆は、日本人にとってどんな日ですか。

_____

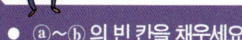
助詞を入れ、語を適当な形にして文を作りましょう。

---

01 ～を～とする ~를 ~로 하다

⋯⋯ 8月13日の「迎え盆」から16日の「送り盆」までの4日間をお盆として

います。   8월 13일의 '무카에봉(迎え盆)'에서 16일의 '오쿠리봉(送り盆)'까지 4일간을 오봉으로 하고 있습니다.

ⓐ この会は＿＿＿＿＿＿を目的としてつくられたボランティア団体

です。

ⓑ 警察はその男を＿＿＿＿＿＿＿として、全国に指名手配した。

---

02 ～ため(に／の) [目的] ~하기 위해(서 / 한) 〔목적〕

⋯⋯ 先祖供養のための……／お盆に戻った霊を慰めて、送り出すための儀式

조상을 공양하기 위한…… / 오봉을 맞아 돌아온 영혼을 위로해서 돌려보내기 위한 의식

ⓐ ＿＿＿＿＿＿＿＿ために、みんなで歓迎会を開いた。

ⓑ 人は食べるために＿＿＿＿のではなく、生きるために＿＿＿＿

のです。

---

03 ～こそ ~야 말로

⋯⋯ 今でこそ、盆踊りというと、人々が櫓を囲んで太鼓を打ち、……

지금은 봉오도리라고 하면 사람들이 망루를 에워싸고 북을 치며……

ⓐ 「主人がいろいろお世話になっております。」「いいえ、＿＿＿＿こそ。」

ⓑ 今年はだめだったが、＿＿＿＿こそは合格するぞ。

暑中見舞い

　暑中というのは「大暑」にあたる期間のことで、7月20日ごろから8月8日ごろの立秋の前日までを指します。ですから、暑中見舞いはこの間に相手に着くように出します。その期間を過ぎた場合は、残暑見舞いとして出します。

　なお、年賀状のように、暑中見舞い・残暑見舞いをいただいた場合も、必ず礼状を出しましょうね。

暑中見舞い 복중 문안 | **大暑** 대서, 소서와 입추 사이 | **指す** 가리키다 | **残暑見舞い** 늦더위 문안 | **〜として** ~로서 |
年賀状 연하장 | **必ず** 반드시 | **礼状** 예장, 감사의 편지

全国高校野球大会

　もう一つの夏の風物詩が、全国高校野球大会。毎年、甲子園球場で熱戦が繰り広げられる。

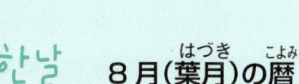

❶ 原爆投下〜敗戦（８月15日）へ

８月 ６日　広島に原爆投下

８月 ９日　長崎に原爆投下

８月15日　ポツダム宣言受諾・日本無条件降伏（＝「終戦記念日」）

８月30日　連合国最高司令官マッカーサー元帥、厚木飛行場に降り立つ。

「原爆〜終戦記念日」

＜広島に投下された原爆＞

　アメリカ軍は1945年の８月６日広島に、８月９日長崎に原爆を投下しました。広島では30万人、長崎では8万人の市民の命が一瞬にして奪われました。軍部はなお「本土決戦」を叫んでいましたが、天皇の決断で「ポツダム宣言」の受諾が決定されました。

　1945年8月15日、ＮＨＫラジオは天皇の肉声によって全国民に日本が戦争に負けたことを伝えました。日本ではこの日を太平洋戦争終結の日として、終戦記念日としています。他方、この日は韓国や台湾の人々にとっては日本の植民地支配から解放された記念すべき日であり、韓国では「光復節」として国民の祝日となっています。

❷ 夏休みの終わり（８月31日）

　小中学校では、夏休みを7/20〜8/31としているところがほとんどですが、夏暑い地域では少し長いかわりに冬休みが短くなったり、逆に冬寒い地域では夏休みを短くされて冬休みが長かったりします。しかし、ほとんどの小中学校では、この日に楽しい夏休みが終わります。

● 실력을 확인해 보세요.

1 ひらがな（下線部）のところを、漢字で書いてください。

① ちゅうしん
（　　　　）

② ぶっきょう
（　　　　）

③ そうじ
（　　　　）

④ ゆうめい
（　　　　）

⑤ たいせつ
（　　　　）

⑥ てら
（　　　　）

⑦ ひろば
（　　　　）

⑧ おくりだす
（　　）（　　）

⑨ はなび
（　　　　）

2 漢字のところ（下線部）の読み方を、ひらがなで書いてください。

① 先祖供養
（　　　　　　）

② 信仰
（　　　　　）

③ お墓
（　　　　）

④ 境内
（　　　　）

⑤ 恒例
（　　　　）

⑥ 盆踊り
（　　　　）

⑦ 慰める
（　　　　）

⑧ 暑中見舞い
（　　　　　）

⑨ 年賀状
（　　　　）

3 （　）に助詞（ひらがな一字／要らないときは×）を入れてください。

① 明治以後（　）多く（　）行事（　）新暦（　）移行しました。

② お盆（　）は先祖（　）霊（　）あの世（　）（　）この世（　）戻ってくる（　）いう日本古来（　）信仰（　）ある。

③ 日本人（　）（　）誰（　）（　）心（　）残る夏祭り（　）盆踊り（　）思い出（　）あることでしょう。

④ 今（　）は盆踊り（　）いう（　）、人々（　）ゆかた（　）着て踊って楽しむ遊び（　）イメージ（　）（　）ありません。

4 _____部に、適当な語を選んで、文を完成させてください。

(はずかしい／かなしい／きれい／たのしい)

① 人生、_____生きなければ損ですよ。

② 少女は_____そうに、顔を赤くして下を向いた。

③ 彼女の日本語の発音は、とても_____です。

④ 言いにくいことですが、_____お知らせがあります。

5 _____部に、適当な語を選んで、文を完成させてください。

(を中心に／に応じて／というと／こそ)

① 最近、休日_____雨が降るね。

② どこの国も自分の国_____世界地図を書いている。

③ わが社は、社員の業績_____給料を払います。

④ このような困難な時に_____、全員が力を合わせなければならない。

6 (　　)の語の形を変えて文を作ってください。

① 今回の登山は、安全を（第一→　　　　）として、決して無理を（する

→　　　　）ように（する→　　　）なさい。

② 父は娘を医大に（行く→　　　）ために、塾に（通う→　　　）。

③ （暑い→　　　）のためか、どうも食欲が（ある→　　　）。

④ 「金さん、席が（空く→　　　）います。お（座る→　　　）ください。」

「あなたこそ、お（疲れる→　　　）でしょう。どうぞ。」

---

4 人生 인생　損 손해　少女 소녀　発音 발음

5 最近 최근　世界地図 세계지도　業績 업적　給料を払う 급료를 지불하다　困難(な) 곤란(한)　力を合わせる 힘을 합치다

6 登山 등산　安全 안전　無理をする 무리하다　塾に通う 학원에 다니다　食欲 식욕　空く 비다

Part 09

９月の行事とくらし

9월의 행사와 생활

関東大震災と「防災の日」

9月1日は「防災の日」です。1923年のこの日に起きた関東大震災（死者・行方不明者14万人以上、江戸以来の木造建築はこのとき、火事で焼失しました）の教訓を忘れないという意味を込めて、1960年に制定されました。

＜関東大震災時の横浜＞

　もう一つの由来が「二百十日」という厄日です。立春から数えて210日目、太陽暦で9月1日ごろが、台風が一番よく来襲する厄日なのです。そこで、9月1日

の防災の日には、日本全国で大地震や災害の発生を想定した防災訓練が行われています。

　日本では昔から怖いものを順に並べて、「地震・雷・火事・親父」と言いました。最近では「親父」は怖くなくなりましたが、やはり地震は日本人が一番怖いものでしょう。1995年1月17日にも阪神淡路大震災が起こり、死者6,434名、行方不明者3名、家屋の倒壊など、10兆円規模の被害を出しています。そのため、日本の家庭では、いざという時に備えて避難場所を確認しあい、各人用の非常持ち出し袋が用意されています。その中身は一人で持ち出せる最低限のもの、例えば、ミネラルウォーター、インスタント食品、缶詰、医薬品などです。みなさん、「備えあれば、憂いなし」ですよ。

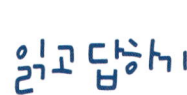

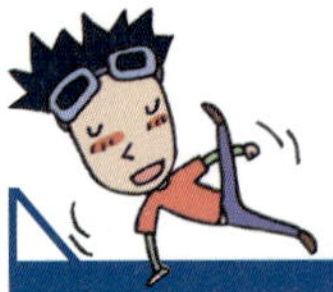

읽고 답하기

● 독해문을 읽고 다음 빈 칸을 채우세요.

1 どうして9月1日が「防災の日」に定められたのですか。

2 防災の日にはどのようなことが行われますか。

3 「二百十日」というのはどのような日ですか。

4 日本の家庭では、地震に備えて、どのような準備をしていますか。

5 非常持ち出し袋にはどんな物が入っていますか。

助詞を入れ、語を適当な形にして文を作りましょう。

---

01 **～以来／～て以来** ~이래, ~이후 / ~한 이래, ~한 이후

┈➤ 江戸以来の木造建築は、このとき、火事で焼失しました。

에도시대 이후의 목조 건축은 이때 화재로 소실되었습니다.

ⓐ 父は病気で入院して以来、＿＿＿＿＿＿＿＿＿＿＿＿＿＿。

ⓑ 先月以来、＿＿＿＿＿＿＿＿＿＿＿＿＿＿。

---

02 **～を込めて** ~를 담아서, ~를 다해서

┈➤ 関東大震災の教訓を忘れないという意味を込めて、1960年に制定され

ました。 관동 대지진의 교훈을 잊지 않으려는 의미를 담아서 1960년에 제정되었습니다.

ⓐ 母はいつも＿＿＿＿＿＿を込めて、私たちのお弁当を作ってくれた。

ⓑ 無事に育ってほしいという願いを込めて、母は＿＿＿＿＿＿＿＿。

---

03 **～なくなる** ~하지 않게 되다

┈➤ 最近では「親父」は怖くなくなりました。

최근에는 '아버지'는 무섭지 않게 되었습니다.

ⓐ 昔はとてもおいしかったけど、最近、あまり＿＿＿＿＿＿ね。

ⓑ 若いころはずいぶん飲んだが、年をとってあまりお酒が＿＿＿＿

＿＿＿＿。

敬老の日（9月15日）

　9月15日は「敬老の日」です。長い間社会のために尽くしてきた高齢者を敬い、長寿を祝う日ですが、それとともに若い世代に高齢者福祉に関心を持ってもらおうという気持ちが込められています。

　みなさん、高齢者というのは何歳からか知っていますか。一般に65歳以上を高齢者と呼び、高齢者の割合が7%〜14%の社会を高齢化社会、14%〜21%の社会を高齢社会、それ以上を超高齢社会と呼んでいます。日本は1994年に高齢社会となりましたが、2010年には超高齢社会となる見込みです。

敬老の日（けいろう ひ）경로의 날 | **尽くす**（つ）애쓰다, 진력하다 | **高齢者**（こうれいしゃ）고령자 | **敬う**（うやま）존경하다, 공경하다 | **長寿**（ちょうじゅ）장수 | **祝う**（いわ）축하하다 | **〜とともに** ~와 더불어, ~와 함께 | **福祉**（ふくし）복지 | **〜に関心を持つ**（かんしん も）~에 관심을 갖다 | **割合**（わりあい）비율 | **見込み**（みこ）전망, 예상, 장래성

お月見（中秋の名月）
（つきみ）（ちゅうしゅう）（めいげつ）

お月見は旧暦（きゅうれき）の8月15日に月を鑑賞（かんしょう）する行事（ぎょうじ）で、「中秋の名月」、「十五夜（じゅうごや）」と呼ばれます。月見の日には、おだんごやススキ、サトイモなどをお供（そな）えします。

月見団子
（つき み だん ご）

❶ 防災の日（9月1日）

❷ 菊［重陽］の節句（9月9日）

❸ 中秋の名月（9月15日）

　旧暦で8月15日の月を「十五夜」「中秋の名月」と言います。旧暦では1〜3月が春、4〜6月が夏、7〜9月が秋、10〜12月が冬です。そこで8月は秋の真ん中の月なので「中秋」と呼ばれています。

　古来、満月が一番美しいものとされました。中でも中秋のこの時期は空気が澄んでいて、最も美しい満月が見られるということで、平安時代初期に、この日に月を見ながら宴会をする風習ができたのです。一般庶民の間に広まったのは江戸時代以降で、月の見えるところにすすきを飾り、月見団子、里芋、枝豆などを盛って、大人は月見酒を飲みます。

❹ 敬老の日（9月15日）

❺ 秋分の日（9月23日ごろ）

　秋分の日は春分の日と同様に、昼と夜の長さが等しくなる日です。秋分の日を中心とした前後一週間を「秋彼岸」と言います。家々では、家族でお墓まいりに行ったり、祖先を供養する「法会」を行ったりします。

　もともと日本では、春分と秋分のころに豊作を祝う神道行事がありましたが、仏教の浸透とともに秋分は「秋の彼岸」として祖先を供養する意味を持ち始めました。そして1948年には、広い意味で「祖先を敬い、亡くなった人を忍ぶ日」として国民の祝日に制定されました。

● 실력을 확인해 보세요.

1 ひらがな（下線部）のところを、漢字で書いてください。

① 江戸いらい　　　② かじで焼ける　　　③ わすれる
　（　　　）　　　　　（　　　）　　　　　　（　　　）

④ いみ　　　　　　⑤ たいふう　　　　　⑥ じしん
　（　　　）　　　　　（　　　）　　　　　　（　　　）

⑦ かみなり　　　　⑧ ようい　　　　　　⑨ たとえば
　（　　　）　　　　　（　　　）　　　　　　（　　　）

2 漢字のところ（下線部）の読み方を、ひらがなで書いてください。

① 行方不明　　　　② 木造建築　　　　　③ 由来
　（　　　）　　　　　（　　　）　　　　　　（　　　）

④ 来襲　　　　　　⑤ 家屋　　　　　　　⑥ 被害
　（　　　）　　　　　（　　　）　　　　　　（　　　）

⑦ 中身　　　　　　⑧ 備える　　　　　　⑨ 長寿
　（　　　）　　　　　（　　　）　　　　　　（　　　）

3 （　）に助詞（ひらがな一字／要らないときは×）を入れてください。

① 立春（　）（　）数えて210日目、太陽暦（　）9月1日ごろが、台風
　（　）一番（　）よく来襲する厄日なのです。

② 防災の日（　）は、日本全国（　）大地震（　）災害（　）発生（　）
　想定した防災訓練（　）行われています。

③ 日本（　）家庭（　）は、いざ（　）いう時（　）備えて避難場所
　（　）確認しあい、非常持ち出し袋（　）用意されています。

④ 高齢者（　）いう（　）は何歳から（　）知っています（　）。

4 ＿＿＿＿部に、適当な語を選んで、文を完成させてください。

(やはり／いざ／たとえば／いっぱんに)

① その資料は、まだ＿＿＿＿＿＿公開されていない。

② ＿＿＿＿＿＿畳の部屋は落ち着くね。

③ ＿＿＿＿＿＿受験というときになって、慌てないように。

④ この国は多くの問題、＿＿＿＿＿＿環境問題などを抱えている。

5 ＿＿＿＿部に、適当な語を選んで、文を完成させてください。

(以来／以前／以後／以外)

① 私たちは＿＿＿＿＿＿ほどお米を食べなくなりました。

② どうもすみませんでした。＿＿＿＿＿＿気をつけます。

③ 彼とは小学校＿＿＿＿＿＿のつきあいです。

④ 関係者＿＿＿＿＿＿の立ち入りを禁止する。

6 (　　)の語の形を変えて文を作ってください。

① 私は日本に (留学する→　　　　) 以来、まだ一度も国に (帰る→　　　　)
(いる→　　　　)。

② 母はいつも (私→　　　　) ために、心を (込める→　　　　) お弁当を (作
る→　　　　) くれた。

③ ワープロを (使う→　　　　) ようになって、漢字が (書く→　　　　) なく
なった。

④ 老後に (備える→　　　　)、(貯金する→　　　　) おこうと思う。

---

4 資料 자료　公開する 공개하다　畳の部屋 다다미방　落ち着く 자리 잡다, 안정하다, 진정되다　慌てる 당황하다, 허둥대다　抱
える 안다, 책임지다, 떠맡다　5 関係者 관계자　立ち入り 출입　禁止する 금지하다　6 心を込める 마음을 담다
老後 노후　備える 대비하다　貯金する 저금하다

79

10月の行事とくらし

10월의 행사와 생활

「体育の日」と秋の運動会

＜二人三脚走＞

　以前は10月10日、今は10月の第2月曜日が「体育の日」として祝日になっています。この「体育の日」は、1964年のこの日、東京オリンピックの開会式が行われたのを記念して制定されました。東京オリンピックは、日本にとって「戦後」の終わりを告げるものでした。このイベントを境にして、日本は貧しい国から豊かな国へと変身し、高度経済成長の時代のまっただ中に飛び込みます。

　さて、この「体育の日」の行事といえば小中学校で行われる「秋の運動会」でしょう。では、この「運動会」はいつのころから始まったのでしょうか。日本でも刀術や弓術、馬術など特定の競

＜綱引き＞

技大会はあったのですが、「運動会」という体育全般にわたる行事は行われていませんでした。どうも運動会という行事は、明治の文明開化のころに西洋から持ち込まれたらしいです。最初は軍事訓練に近いものだったらしいのですが、回を重ねるにつれて、地域ぐるみのお祭りになっていきました。運動会では、秋晴れの空の下、親子が一緒に手づくりの弁当を広げ、親たちは「がんばれ～」と声の限りに自分の娘や息子に声援を送ります。ですから、子どもたちにとって、運動会は昔も今も特別な行事なのです。

現代社会では運動不足やストレス、脂肪や糖分の多い食べ物を原因とする肥満が心配されるようになっていますから、「体育の日」を契機に、それぞれの体力や年齢に合ったスポーツを始めるのもいいかもしれませんね。

体育 체육 | オリンピック(olympic) 올림픽 | 告げる 고하다, 알리다 | イベント(event) 이벤트 | 貧しい 가난하다 | 豊かな 풍족한, 풍성한 | 変身する 변신하다 | 高度経済成長 고도 경제성장 | まっただ中 한창 ~할 때, 한가운데 | 飛び込む 뛰어들다 | 刀術・弓術・馬術 도술・궁술・마술 | 特定 특정 | 競技大会 경기대회 | ～にわたる ~에 걸치나 | 文明開化 문명개화 | 持ち込む 가지고 들어오다 | 軍事訓練 군사 훈련 | 回を重ねる 회를 거듭하다 | ～につれて ~함에 따라서 | 地域ぐるみ 지역이 함께 | 秋晴れ 쾌청한 가을 날씨 | ～の下で ~아래에서 | ～の限りに ~껏, ~하는 한 | 声援を送る 성원을 보내다 | ストレス(stress) 스트레스 | 脂肪 지방 | 糖分 당분 | 肥満 비만 | ～を契機にして ~를 계기로 해서 | それぞれ 각기, 각자, 각각 | スポーツ(sports) 운동

81

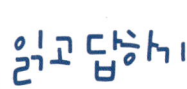

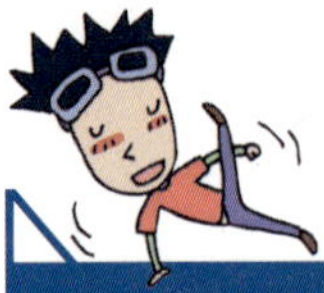

읽고 답하기

● 독해문을 읽고 다음 빈 칸을 채우세요.

Part 10

1 どうして10月10日が「体育の日」に定められたのですか。

2 体育の日には各地でどのようなことが行われますか。

3 東京オリンピックは日本にとってどのような年でしたか。

4 日本で始まったばかりの運動会はどのようなものでしたか。

5 今の日本の運動会はどのような様子ですか。

助詞を入れ、語を適当な形にして文を作りましょう。

01 ～らしい ~인 것 같다, ~인 듯하다

⋯⋯▸ 運動会という行事は文明開化の時に西洋から持ち込まれた**らしい**です。

운동회라는 행사는 문명개화 무렵에 서양에서 들어온 것 같습니다.

ⓐ どうやらその話は＿＿＿＿＿＿＿＿＿＿らしい。

ⓑ 今朝の天気予報によると、今日は午後から＿＿＿＿＿＿＿＿＿

らしい。

02 ～につれて ~함에 따라서

⋯⋯▸ 回を重ねる**につれて**、地域ぐるみのお祭りになっていきました。

회를 거듭함에 따라서 지역이 함께 하는 축제로 되어 갔습니다.

ⓐ 年をとるにつれて、＿＿＿＿＿＿＿＿＿＿＿＿＿＿＿＿。

ⓑ 時が経つにつれて、＿＿＿＿＿＿＿＿＿＿＿＿＿＿＿＿。

03 ～かもしれない ~일지도 모른다

⋯⋯▸ それぞれの体力や年齢に合ったスポーツを始めるのもいい**かもしれま**

せんね。 각자 체력과 나이에 맞는 운동을 시작하는 것도 좋을지도 모릅니다.

ⓐ もしかしたら、＿＿＿＿＿＿＿＿＿＿＿＿かもしれません。

ⓑ ＿＿＿＿＿＿＿＿＿＿＿かもしれないが、よく覚えていな

いんだ。

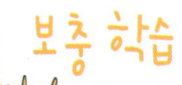

秋の収穫を祝う「神嘗祭」とハロウィン

　10月15日から25日にかけて、伊勢神宮では神嘗祭が行われます。これは、その年にとれた新しい米を最初に神さまに捧げて、秋の実りに感謝する行事です。戦前は祝日になっていました。

　同じようなお祭りに「ハロウィン」があります。このお祭りは、古代ケルト人の秋の収穫感謝祭に起源があると言われています。アメリカでは子どもたちはかぼちゃの中身をくりぬいたちょうちんを作り、夜になると怪物の格好をして近所の家を訪ね歩き、「Trick or treat?」（いたずらされたい？嫌なら接待して）と言ってお菓子をもらいます。

収穫 수확 ｜ 神嘗祭 10월 17일에 하는 궁중행사로, 새로 수확한 농산물이나 과일을 신궁에다 바친다. ｜ 捧げる 바치다, 드리다 ｜ 秋の実り 가을의 결실 ｜ ハロウィン(halloween) 할로윈 ｜ 古代ケルト人 고대 켈트인 ｜ 起源 기원 ｜ かぼちゃ 호박 ｜ くりぬく 도려내다, 도려내어 구멍을 뚫다 ｜ ちょうちん 제등, 초롱불 ｜ 怪物 괴물 ｜ 格好をする 모습을 하다 ｜ 訪ね歩く 찾아다니다 ｜ いたずらする 장난치다

神嘗祭

伊勢神宮で行われる収穫祭。

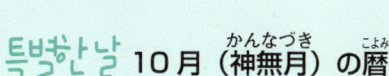

❶ 衣替え（10月1日）

衣替えの習慣は、宮中行事として始まりました。その当時は、旧暦の4月1日と10月1日に行われていました。衣替えが6月1日と10月1日に変わったのは明治以降で、学校や官公庁、銀行など、制服を着用するところでは、現在もこの日に衣替えが行われています。

❷ 体育の日（10月第2月曜日）

❸ 神嘗祭（10月15日〜25日）

❹ 原子力の日（10月26日）

関西電力
＜高浜原子力発電所＞

1963年10月26日、東海村日本原子力研究所の動力試験炉が日本初の発電に成功したことを記念して、原子力の日が定められました。ほんとうは原子力発電などせずに済めばいいのですが、まだ太陽光発電などの次世代の発電が実用の域に達していません。それまでは原子力発電に頼るしかないのも事実です。「原子力発電所が安全だというのなら、皇居の隣に作ったらどうだ」という議論がありますが、ほんとうに皇居の中に作ってもいいくらいの安全対策を取るべきでしょう。同時に、少しでも早く次世代のエネルギー開発の研究を進める必要があるでしょう。

❺ ハロウィン［Halloween］（10月31日）

● 실력을 확인해 보세요.

1 ひらがな（下線部）のところを、漢字で書いてください。

① たいいく
（　　　　）

② かいかいしき
（　　　　　　）

③ うんどうかい
（　　　　　　）

④ せいよう
（　　　　）

⑤ そら
（　　　　）

⑥ むすこ
（　　　　）

⑦ げんいん
（　　　　）

⑧ しんぱい
（　　　　）

⑨ むかし
（　　　　）

2 漢字のところ（下線部）の読み方を、ひらがなで書いてください。

① 貧しい
（　　　　）

② 豊かな
（　　　　）

③ 経済
（　　　　）

④ 弓術
（　　　　）

⑤ 文明開化
（　　　　　）

⑥ 脂肪
（　　　　）

⑦ 肥満
（　　　　）

⑧ 捧げる
（　　　　）

⑨ 格好
（　　　　）

3 （　）に助詞（ひらがな一字／要らないときは×）を入れてください。

① 「体育の日」は、1964年の10月10日（　）、東京オリンピック（　）
開会式（　）行われた（　）（　）記念して制定されました。

② 回（　）重ねる（　）つれて、地域（　）お祭り（　）なっていった。

③ 子どもたち（　）とって、運動会（　）昔（　）今（　）特別な行事な
のです。

④ 「体育の日」（　）契機（　）して、それぞれ（　）体力（　）年齢
（　）合ったスポーツ（　）始める（　）もいいかもしれませんね。

4 _____部に、適当な語を選んで、文を完成させてください。

（イメージ／イベント／ストレス／スポーツ）

① そんな報道をされたら、学校の_____が悪くなる。

② 創立記念日は、会社にとって大切な_____です。

③ _____が原因で、いろいろな病気が起こる。

④ 私が一番好きな_____は、マラソンです。

5 _____部に、適当な語を選んで、文を完成させてください。

（によって／につれて／を契機にして／を込めて）

① 誠意_____謝れば、きっと許してくれるよ。

② この問題は話し合い_____解決するべきだ。

③ 物価が高くなる_____、生活が苦しくなっていった。

④ 父は入院_____、お酒もタバコもやめました。

6 （　　）の語の形を変えて文を作ってください。

① 試合が（近づく→　　　　　）につれて、練習は（厳しい→　　　　　）を
（増す→　　　　　）いった。

② 試験は君が（思う→　　　　　）いるほど、（簡単だ→　　　　　）らしい。

③ もしかしたら（癌→　　　　　）かもしれないから、（検査する→　　　　　）
（もらう→　　　　　）方がいいよ。

④ （重要→　　　　　）ことは、夢を（持つ→　　　　　）続けることだ。

---

4 報道する 보도하다　創立記念日 창립 기념일　マラソン(marathon) 마라톤　**5** 誠意 성의　謝る 사과하다　許す
용서하다, 허락하다　解決する 해결하다　物価 물가　苦しい 괴롭다, 고통스럽다, 어렵다　入院する 입원하다　**6** 近づく 다가
오다, 접근하다　増す 많아지다, 더욱 ~해지다　もしかしたら 어쩌면　癌 암　検査する 검사하다　重要(な) 중요(한)

Part 11

11月の行事とくらし

11월의 행사와 생활

七五三と童謡「とおりゃんせ」

　七五三のお祝いは、三歳と五歳の男児と三歳
と七歳の女児の成長を祝う儀式です。家族そろ
って、11月15日に地元の氏神さまや神社にお参
りします。

　七五三の祝いに神社に行ってお札を納める
様子を歌った歌に「とおりゃんせ」という童謡があります。この歌は「とおり
ゃんせ、とおりゃんせ、ここはどこの細道じゃ、天神さまの細道じゃ……」と
いう歌詞に始まるのですが、「行きはよいよい、帰りは恐い」という恐ろしい
歌詞で終わります。どうして帰りが恐いのか、諸説あるのですが、当時、「七
つ前は神の子」という言葉があったように、医療が発達していませんし、疫病

や栄養不足による乳幼児の死亡率が高かった昔は、七つを迎えるまでは、その子が無事に大人になるかどうかわからないというのが現実でした。ですから、七歳まではいつ神に召されるかもしれない「神の子」と考えていたのでした。天神さまに七つのお祝いのお札を納めたけれど、神がいつ子どもを連れ去っていくかもしれない。この歌詞にはそんな親の不安や子の無事を祈る切ない思いが表れているのです。

　この七つの祝いの後は、地元の氏神さまの氏子となって、地域の共同体の一員として迎えられました。現在、義務教育が七歳から始まるのもその名残なのです。　七五三というのは、子どもを社会の一員として受け入れる行事でもあったのです。

　現在では、こんなしきたりに関係なく、着物や袴を着せ、千歳飴を買ってお祝いします。この千歳飴を引っ張ると伸びるのですが、寿命が伸びるという縁起ものですから、お赤飯とともに、千歳飴を親戚や親しい人へ、内祝いとして配ることもあります。

<千歳飴>

읽고 답하기

● 독해문을 읽고 다음 빈 칸을 채우세요.

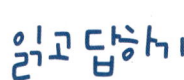

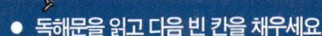

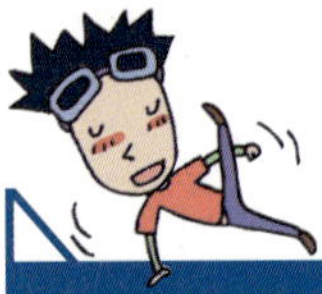

1 七五三というのは、どのような儀式のことですか。

____

2 「七つ前は神の子」というのは、どういうことを表していますか。

____

3 「とうりゃんせ」の歌詞の終わりが「行きはよいよい、帰りは恐い」となっているのはどうしてですか。

____

4 七五三が終わった子どもは、その社会でどのように迎えられましたか。

____

5 現在の七五三は、どのようになっていますか。

____

助詞を入れ、語を適当な形にして文を作りましょう。

---

01 〜まで(は／に) ~까지

···▶ 七つを迎えるまでは、無事に大人になるかどうかわからないというのが現実でした。　일곱 살을 맞이할 때까지는 무사히 어른이 될지 어떨지 모르는 현실이었습니다.

ⓐ 兄はいつも夜遅くまで、＿＿＿＿＿＿＿＿＿＿＿＿＿＿＿います。

ⓑ 子どもが帰ってくるまでに、＿＿＿＿＿＿＿＿＿＿＿なければなりません。

---

02 〜として ~로서

···▶ 七五三というのは、子どもを社会の一員として受け入れる行事でもあったのです。　시치고산은 아이를 사회의 일원으로서 받아들이는 행사이기도 했습니다.

ⓐ ＿＿＿＿＿＿として、一万円いただきます。

ⓑ 今日は＿＿＿＿としてではなく、一人の＿＿＿＿として、君に話したいことがある。

---

03 お〜する ~(해) 드리다(겸양의 표현)

···▶ お参りする／お祝いする　참배 드리다./축하드리다.

ⓐ「雨ですね。」「私の傘でよければ、＿＿＿＿＿＿＿しましょうか。」

ⓑ ちょっと＿＿＿＿＿＿＿しますが、近くに郵便局はございませんか。

勤労感謝の日

　戦前は、11月23日に「新嘗祭」が行われていました。「新嘗祭」は古くから国の大切な行事で、「瑞穂の国（日本の美称）」の祭祀を司る最高責任者である天皇が国民を代表して、神に農作物の恵みに感謝する式典でした。

　この「新嘗祭」は1948年に「勤労感謝の日」に、改名されて、国民の祝日となりましたが、改名にあたっては、本来の「新嘗祭」として祝うべきだなど、さまざまな意見がありました。しかし、今日の「労働」は農業だけでなく、工業やサービス業なども含んだ幅広い意味を持つようになっているので、現在の「勤労感謝の日」となりました。

勤労感謝の日 (きんろうかんしゃのひ) 근로 감사의 날 | 新嘗祭 (にいなめさい) 11월 23일에 천황이 햇곡식을 천지의 신에게 바치고 이것을 먹기도 하는 궁중 제사 | 瑞穂の国 (みずほのくに) 싱싱한 벼이삭의 나라 | 美称 (びしょう) 미칭 | 祭祀を司る (さいしをつかさどる) 제사를 주관하다 | 最高責任者 (さいこうせきにんしゃ) 최고 책임자 | 天皇 (てんのう) 천황 | 農作物 (のうさくぶつ) 농작물 | 恵み (めぐみ) 은혜, 인정 | 式典 (しきてん) 식전, 의식 | 改名する (かいめいする) 개명하다 | ～にあたって ~에 즈음하여 | 本来 (ほんらい) 원래 | ～べきだ ~해야 한다, ~해야 마땅하다 | 工業 (こうぎょう) 공업 | サービス業 (サービスぎょう) 서비스업 | 含む (ふくむ) 포함하다 | 幅広い (はばひろい) 폭넓다

「新嘗祭」の式典

　「新嘗祭」は五穀豊穣 (ごこくほうじょう) を祈 (いの) る大切な式典で、天皇が神に感謝し、自 (みずか) らもその年 (とし) に取 (と) れた新米 (しんまい) を食べる儀式 (ぎしき) です。

❶ 文化の日（11月3日）

　戦前は、11月3日を明治節といい、明治天皇の遺徳を偲ぶための祝日でした。しかし、戦後は廃止され、「自由と平和を愛し、文化をすすめる」という趣旨のもとに、文化の日に改定されました。

　この日には文化を称える行事として、皇居で文化勲章の授与式が行われます。また文化庁主催による芸術祭が開催されています。

❷ 太陽暦採用記念日（11月9日）

　1892年11月9日、太陰暦が廃止され、太陽暦が採用されました。この年の12月3日が明治6年1月1日と改められましたが、12月がたった2日間しかないことになり、このとき、世の中は大騒ぎになったそうです。

❸ 世界平和記念日（11月11）

　1918年11月11日、第一次世界大戦の休戦協定が成立し、不戦条約が交わされた日です。それを記念して、この日を世界平和記念日とすることが決まったのですが、永遠の平和に対する願いも空しく、1939年には、再び第二次世界大戦が起こってしまいました。

❹ 七五三（11月15日）

❺ 勤労感謝の日（11月23日）

1 ひらがな（下線部）のところを、漢字で書いてください。

① じんじゃ   ② ようす   ③ おそろしい

（　　　　）   （　　　　）   （　　　　）

④ かみ   ⑤ はったつ   ⑥ かんけい

（　　　　）   （　　　　）   （　　　　）

⑦ きもの   ⑧ くばる   ⑨ だいひょう

（　　　　）   （　　　　）   （　　　　）

2 漢字のところ（下線部）の読み方を、ひらがなで書いてください。

① 納める   ② お参りする   ③ 童謡

（　　　　）   （　　　　）   （　　　　）

④ 医療   ⑤ 疫病   ⑥ 無事

（　　　　）   （　　　　）   （　　　　）

⑦ 名残   ⑧ 天皇   ⑨ 本来

（　　　　）   （　　　　）   （　　　　）

3 （　）に助詞（ひらがな一字／要らないときは×）を入れてください。

① 当時は、医療（　）発達していません（　）、疫病（　）栄養不足
（　）よる乳幼児（　）死亡率（　）高かったのです。

② 七つ（　）迎える（　）（　）は、その子（　）無事に大人（　）なる
（　）どう（　）わからない（　）いう（　）が現実でした。

③ 義務教育（　）七歳（　）（　）始まる（　）もその名残なのです。

④ 今日の「労働」は農業（　）（　）でなく、工業（　）サービス業
（　）（　）も含んだ幅広い意味（　）持つようになっている。

4　_____部に、適当な語を選んで、文を完成させてください。

（こわい／せつない／したしい／まずしい）

① 彼とはそんなに_____つきあっていないので、よく知りません。

② 私は子どものとき、注射が_____病院に行くのが嫌だった。

③ 彼は_____に負けないで、立派な青年に成長した。

④ 彼女のことを考えるだけで、胸が_____なる。

5　_____部に、適当な語を選んで、文を完成させてください。

（だろう／かもしれない／はずだ／らしい）

① 予定では電車の到着は10時の_____が、どうしたのかなぁ。

② 日曜日だから、たぶん家にいる_____。

③ もしかしたら、彼の話はほんとう_____。

④ どうやら彼女には好きな人がいる_____。

6　（　　）の語の形を変えて文を作ってください。

① （やる→　　　　） かどうか、（やる→　　　　） みなければ、（わか
る→　　　　） じゃありませんか。

② どうしてこんな結果に（なる→　　　　） のか、きちんと（説明する→　　　）
もらえませんか。

③ お（待つ→　　　） していました。どうぞ、お（上がる→　　　） ください。

④ 宿題が（終わる→　　　　） まで、（遊ぶ→　　　　） に（行く→　　　　）
はいけません。

---

4 注射 주사　負ける 지다　立派な 훌륭한, 어엿한　成長 성장　胸 가슴, 마음, 심금

5 予定 예정　到着 도착　どうやら 아무래도, 어쩐지

6 結果 결과　きちんと 정확히, 똑바로　説明する 설명하다　宿題 숙제

Part 12

12月の行事とくらし

12월의 행사와 생활

クリスマスと除夜の鐘

　12月24日〜25日のクリスマスはキリストの生誕を祝う日で、キリスト教圏の人々は、教会でミサをした後、厳粛にキリストの生誕を祝います。

　クリスマスは、フランシスコ・ザビエルが日本にキリスト教を伝えてから、450年の歴史があります。日露戦争のころには、すでに日本文化の一部となっていました。しかし日本では、宗教的な意味は薄れ、パーティーを開いたりプレゼントを交換する、年末の楽しい行事になっています。街には色とりどりのクリスマス・ツリーが輝き、クリスマス・ソングがにぎやかに流れます。

　「師走」とはよく言ったもので、クリスマスが終わると、慌ただしく年の暮

<ruby>年越<rt>としこ</rt></ruby>しそば

れがやってきます。一年の最後の日を大晦日と言いますが、大晦日にそばを食べるのは、そばが長いことから、命や幸せが長く続くことを祈る縁起ものだからです。大晦日には、自宅でNHK紅白歌合戦を見ながら年を越す人もいますし、お寺にお参りして、そのまま除夜の鐘を聞きながら新年を迎える人もいます。山に登ったり、海辺に宿を取り、元旦に初日の出を拝む人もいます。除夜の鐘というのは、中国の宋の時代に始まった仏教行事ですが、江戸時代以降、日本でも盛んに行われるようになりました。除夜の鐘は、百八つつきますが、これは人間が持つ108の煩悩を払うという意味があると言われます。最後の一つは、年が明けてからつきますが、除夜の鐘が鳴り終わると、いよいよ新年です。

＜除夜の鐘＞

クリスマス(christmas) 크리스마스 ｜ 除夜の鐘 제야의 종 ｜ キリスト(christ)(教) 기독교, 크리스트교 ｜ 生誕 생탄, 탄생 ｜ 教会 교회 ｜ ミサ(missa) 미사, 예배 ｜ 厳粛(な) 엄숙(한) ｜ 歴史 역사 ｜ すでに 이미, 벌써 ｜ 薄れる 엷어지다, 희미해지다 ｜ 色とりどり 가지각색 ｜ クリスマス・ツリー(christmas tree) 크리스마스트리 ｜ 輝く 빛나다 ｜ クリスマス・ソング(christmas song) 크리스마스 캐럴 ｜ 師走 섣달, 음력 12월 ｜ ～とはよく言ったもので ‥는 정말 잘 표현한 말로, 맞는 말로 ｜ 慌ただしい 분주하다, 어수선하다 ｜ 年の暮れ 연말, 세모 ｜ 大晦日 섣달 그믐날, 한 해의 마지막 날 ｜ そば(蕎麦) 메밀국수 ｜ 自宅 자택, 집 ｜ 紅白歌合戦 홍백가합전(NHK에서 12월 31일 밤에 방송하는 오랜 역사를 자랑하는 가요 프로그램) ｜ 海辺 해변 ｜ 宿を取る 숙소를 잡다 ｜ 元旦 설날 아침 ｜ 初日の出を拝む 첫 일출을 보다 ｜ 撞く (종을) 치다 ｜ 煩悩を払う 번뇌를 떨치다 ｜ 鳴り終わる 다 울리다 ｜ いよいよ 드디어, 결국

1　クリスマスというのは、どのような日ですか。

_____

2　キリスト教圏の国々では、どのようにクリスマスを祝いますか。

_____

3　日本の今のクリスマスはどのようですか。

_____

4　日本人は、どうして大晦日におそばを食べますか。

_____

5　最後の除夜の鐘が鳴るのは、何月何日ですか。

_____

助詞を入れ、語を適当な形にして文を作りましょう。

01　～と／～ないと　~하면 / ~하지 않으면

┈┈▶ クリスマスが終わると、慌ただしく年の暮れがやってきます。

크리스마스가 지나면 분주하게 연말이 다가옵니다.

ⓐ _____と、困ります。

ⓑ 毎年、クリスマスになると、_____。

02　～のは～からだ　~한 것은 ~이기 때문이다.

┈┈▶ 大晦日にそばを食べるのは、命や幸せが長く続くことを祈る縁起ものだから

です。 오미소카에 메밀국수를 먹는 것은 수명이며 행복이 오랫동안 지속되기를 기원하는 길조의 음식이기 때문입니다.

ⓐ 私が怒っているのは、あなたが_____からです。

ⓑ 彼が_____のは、一生懸命がんばったからです。

03　～ながら　~하면서

┈┈▶ 自宅でＮＨＫ紅白歌合戦を見ながら年を越す人もいます。

집에서 NHK 홍백가합전(紅白歌合戰)을 보면서 해를 넘기는 사람도 있습니다.

ⓐ _____ながらタバコを吸うのは、やめてください。

ⓑ _____ながら_____のは、よくない

ことですよ。

お歳暮を贈る

　お歳暮は、もともと嫁いだ者や分家した者が年の瀬に親元に戻るとき、正月のお供え物を持参したのが始まりとされています。それが、一年の締めくくりに感謝のしるしとして、お世話になった方に品物を贈りあう習慣になりました。

　今ではデパートなどから送ることが多く、品物も日用雑貨、趣味の品などいろいろです。金額はお中元の2～3割増しを目安にし、先方には12月の初旬から20日ぐらいまでに届くようにします。31日を過ぎた場合は、「お年賀」として手渡すといいでしょう。

お歳暮^{せいぼ} 신세진 사람에게 주는 세밑 선물 ｜ **嫁ぐ**^{とつ} 시집가다 ｜ **分家**^{ぶんけ} 분가 ｜ **年の瀬**^{とし せ} 세모, 세밑 ｜ **親元**^{おやもと} 부모님이 계신 곳, 부모님 슬하 ｜ **供え物**^{そな もの} 제물, 공물 ｜ **持参する**^{じさん} 지참하다, 가지고 가다 ｜ **締めくくり**^し 매듭, 결말 ｜ **感謝のしるし**^{かんしゃ} 감사의 표시 ｜ **日用雑貨**^{にちようざっか} 감사의 표시 ｜ **目安**^{めやす} 기준, 목표, 표준 ｜ **先方**^{せんぽう} 상대편, 상대방 ｜ **手渡す**^{てわた} 직접 건네다

年賀状^{ねん が じょう}

　年も暮れが迫ると、年賀状を書きます。年賀状を書き終えて、やっと一安心。これが日本人の年の瀬です。

❶ 冬至 （12月22日ごろ）

　毎年12月22日ごろが冬至にあたり、一年で最も昼が短く、夜が長い日です。このころからしだいに寒さも本格的になります。冬至にはかぼちゃを食べる習慣がありますが、野菜が不足しがちなこの時期に、ビタミンやカロチンを摂るという合理性があり、昔の人は「冬至までとっておいたかぼちゃを食べると魔除けになる」と考えていました。

❷ 天皇誕生日 （12月23日）

　12月23日は「天皇の誕生日を祝う日」として法律で定められました。戦前は天皇は現人神として崇められており、「天長節」と呼ばれていました。 しかし戦後、天皇は神ではなく「日本国民統合の象徴」という新しい意味を持つようになりました。そこで天皇の誕生日を純粋に誕生日として祝い、国民と天皇との距離を縮めることを目的として、国民の祝日「天皇誕生日」となりました。

❸ クリスマス （12月24日夜〜25日）

❹ ご用納め （12月28日）

　ご用納めというのは、官庁や役所などがその年の執務を終わることで。一般的には12月28日のことを言います。その反対に、執務を始めることをご用始めといい、1月4日がご用始めとなります。つまり、官庁や役所は、12月29日から1月3日までが休みとなります。

❺ 大晦日 （12月31日）

1 ひらがな（下線部）のところを、漢字で書いてください。

① れきし
（　　　　）

② ぶんか
（　　　　　）

③ せんそう
（　　　　　）

④ うすれる
（　　　　）

⑤ こうかんする
（　　　　　）

⑥ かがやく
（　　　　　）

⑦ じたく
（　　　　）

⑧ しんねん
（　　　　　）

⑨ にちようざっか
（　　　　　　　）

2 漢字のところ（下線部）の読み方を、ひらがなで書いてください。

① 厳粛
（　　　　）

② 師走
（　　　　　）

③ 慌ただしい
（　　　　　）

④ 大晦日
（　　　　）

⑤ 海辺
（　　　　　）

⑥ 宿を取る
（　　）（　　　）

⑦ 拝む
（　　　　）

⑧ 盛ん
（　　　　　）

⑨ お歳暮
（　　　　　）

3 （　）に助詞（ひらがな一字／要らないときは×）を入れてください。

① クリスマス（　）終わる（　）、年（　）暮れ（　）やってくる。

② 大晦日（　）そば（　）食べる（　）は、そば（　）長いことから、幸
せ（　）長く続くこと（　）祈る縁起ものだ（　）（　）です。

③ 大晦日（　）は、紅白歌合戦（　）見（　）（　）（　）年（　）
越す人（　）いますし、山（　）登って、初日（　）出（　）拝む人
（　）います。

④ 除夜の鐘（　）いう（　）は、宋（　）時代（　）始まった仏教行事です。

4　＿＿＿＿部に、適当な語を選んで、文を完成させてください。

　　（いのる／あける／もどる／とどく）

　① やっと梅雨が＿＿＿＿＿＿、夏がやってきた。

　② 主人はまもなく＿＿＿＿＿＿くると思います。

　③ 危ないものは、子どもの手が＿＿＿＿＿＿ところに置いてください。

　④ あなたの成功を心から＿＿＿＿＿＿います。

5　＿＿＿＿部に、適当な語を選んで、文を完成させてください。

　　（すでに／いよいよ／だいたい／かならず）

　① 私が会場に着いたとき、＿＿＿＿＿＿パーティーは始まっていた。

　② 約束したことは、＿＿＿＿＿＿守ってくださいね。

　③ 試合の日が＿＿＿＿＿＿近づいてきた。

　④ ＿＿＿＿＿＿いつぐらいにできあがりますか。

6　（　　　）の語の形を変えて文を作ってください。

　① そこは電気も（通る→　　　　　）（いる→　　　　　）し、水道も（ある
　　　→　　　　　　）不便な場所だった。

　② あのとき私が（泣く→　　　　）のは、あなたの親切が（うれしい→　　　　　）
　　　からです。

　③ 門限の10時までに（帰る→　　　　　）と、親に（怒る→　　　　　）んです。

　④ いつかあなたのように、日本語が（上手→　　　　）（話す→　　　　　）
　　　ように（なる→　　　　　　）たいです。

---

4 危ない 위험하다　成功 성공　**5** 会場 회장　約束する 약속하다　守る 지키다, 보호하다　近づく 접근하다, 다가오다
6 通る 통하다, 개통하다　水道 수도　不便(な) 불편(한)　親切(な) 친절(한)　門限 밤에 문을 닫는 시간　怒る 화내다, 꾸짖다
上手(な) 능숙(한), 잘하(는)

2부

くらしのマナー

생활의 매너

Part 01

お辞儀と握手

절과 악수

　お辞儀と握手は、代表的な挨拶の形ですが、お辞儀は相手への敬意を表し、握手は親睦・和解を表すという違いがあります。日本での丁寧な挨拶はお辞儀が一般的でしたが、近年では握手も一般化してきています。

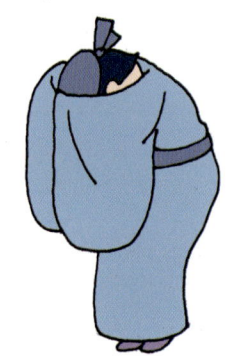

　お辞儀は、主に東アジアで見られるものですが、飛鳥〜奈良時代、中国の礼法を取り入れ、身分に応じたお辞儀の形が制定されたのが、お辞儀の始まりと言われています。首を差し出すことで、敵意がないことを表現したことに由来すると言われます。

　お辞儀には「立礼」「座礼」の2種類があります。座礼は和式礼法ですから、なじみが薄いと思いますが、和風の畳の部屋に通されたとき、初対面の挨拶のときなどに必要となります。

　オフィスでのお辞儀は「立礼」ですが、礼の深さで分類すると、「最敬礼」「敬礼」「会釈」の3種類があります。立礼の場合、「最敬礼」は直立の姿勢

から腰を基点に45度以上体を曲げます。「敬礼」は30〜45度、「会釈」は15度程度です。頭を下げるだけのお辞儀はいけません。腰を基点に上半身全体を前に倒します。1拍目でサッと倒し、2拍目で止めて、3〜5拍目でゆっくりと体を起こします。この動きの緩急と静止した状態のメリハリが美しさを生みます。

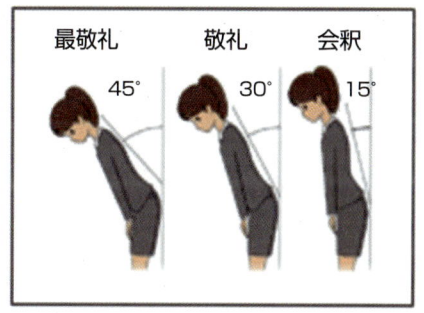

最敬礼：特に敬意を表したり、お詫びの気持ちを真剣に伝えたい時に使います。

敬礼：来客を出迎えたり、見送るとき、または、上司への挨拶などに使う一般的なお辞儀です。

会釈：同僚や上司と廊下などですれ違う時や、応接室の入退室時に使うお辞儀です。

なお、手にハンドバッグとか荷物とかを持っているときですが、右のイラストのように、前に抱えるようにしてお辞儀をするといいでしょう。

西洋の挨拶は握手がメインですが、握手は一般的に右手で、立って行います。握手の由来は諸説ありますが、手に武器を持っていないことを、相手に証明することから始まったと言う説が有力です。

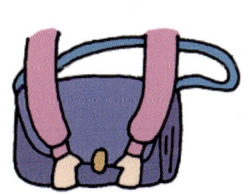

握手は背筋を伸ばし、必ず相手の顔（目）を見て行います。握手の際は、しっかりと握るようにしましょう。ゆるく握っては相手に誠意がないと感じさせてしまいます。なお、握手のときは、目上・年上の人から目下・年下の人へと手を差し出すのがマナーです。握手は手が触れあうので、そうした行為を目下から目上の人に対して強いるのは失礼だからです。女性と男性では、女性から手を差し出します。これはレディーファー

ストですね。しかし、日本では女性と男性の場合には握手をしないで、軽くお辞儀をすることが多いようです。

　もう一つ注意してほしいことがあります。日本人によくある光景ですが、お辞儀をしながら握手をするのは、卑屈に見えますから、やめましょう。また、椅子などに座りながら握手をする人がいるのですが、握手は立って行うのがマナーなので、これもいけません。これらは、社会人の心得なので覚えておきましょうね。

읽고 답하기

● 독해문을 읽고 다음 빈 칸을 채우세요.

Part 01

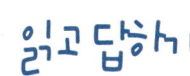

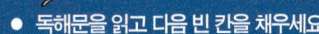

1 お辞儀と握手にはどのような違いがありますか。

____

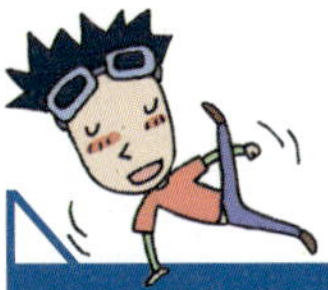

2 立礼というのは、どのようなお辞儀のことですが。

____

3 お客を玄関で迎えるときには、どの種類のお辞儀が適切ですか。

____

4 握手するとき、どうして目下の人が先に手を差し出してはいけないのですか。

____

5 お辞儀と握手の由来には共通した点があります。それは何ですか。

____

Part 02

あいさつと名刺

인사와 명함

みなさんは「挨拶」の語源をご存知ですか？「挨」には心を開くという意味があり、「拶」には相手に近づくという意味があります。つまり、あいさつは「心開いて、相手に近づいていく」という意味なのです。

昔から日本人は、他人と外で出会ったり、すれ違ったりした際は、たとえ見知らぬ人でも、声をかけるのが一般的な礼儀でした。挨拶ができない者は、一人前とはみなされませんでした。今でも日本では、会社や近所関係など各コミュニティーの中で、そういった傾向が強く残っています。

朝会ったときのあいさつ「おはよう」は、「早くから、ご苦労さまです」の略だと言われています。それは朝から働く人をねぎらう言葉でした。「こんにちは」は「今日は、ご機嫌いかがですか」の略で、お昼に初めて出会った人の体調や心境を気づかっていました。「こんばんは」は「今晩は、よい晩ですね」などの略だと言われます。また、「さようなら」は「さようならば」の略で、「それなら、私はこれで失礼いたし

ます」という意味だったそうです。

　会社では、外出する上司・先輩にはもちろん、同僚への「いってらっしゃい」、外出から帰ってきたら「お帰りなさい」、仕事が終わって帰宅する人への「お疲れさま」などのあいさつは、忘れてはならない礼儀でしょう。

　さて、ビジネスの世界のあいさつに欠かせないのが名刺です。初対面のとき、一般的には「お世話になっております、○○商事のＸＸでございます」のように名乗りながら、名刺を渡します。名刺はその人の身分証明書であり、名刺を丁寧に扱うことで、相手に敬意を払っていることを表します。

東洋文庫

(406-0002) 東京都 三鷹市 下連雀 19-1 5-55X
TEL 0422-X2-62XX FAX 0422-X2-60XX
E-MAIL yonkaka@zoayo.net
www.dongyangbooks.com / www.dongyangTV.com

企画チーム　課長
金田延翰

　名刺交換のときは、まず目下の人が目上の人に渡します。一方、先方への訪問の際は、「お邪魔します」という意味を込めて、訪問者が先に出します。ただし、訪問者の方が明らかに目上・格上の場合は、訪問を受けた側が先に出します。

　名刺は世界中で使われていますが、最も古いのは中国で、唐の時代の文献には木や竹製の名刺についての記述があります。「名刺」という言葉そのものが、中国の古語なのです。当時は、訪問先が不在の際に、戸口の隙間に挟んで、来訪を知らせる目的で使われたようです。日本では、江戸時代から和紙に墨で名前を書いた名刺が使われ始めました。その後、初対面の人にも自己紹介がわりに名刺を渡すようになりましたが、それは日本が最初だと言われています。日本は今でも世界で最も名刺交換をする国と言われますが、この名刺交換の習慣は、日本の文化そ

のものと言ってもいいでしょう。

ビジネスの挨拶をマスターしましょう

- おはようございます：一日をさわやかにスタートさせましょう。
- こんにちは：相手の気分に変化をつけましょう。
- ありがとうございます：感謝を伝えましょう。
- 申し訳ございません：失敗は率直に認めましょう。
- 行ってらっしゃい：気持ちよく送り出しましょう。
- お帰りなさい：暖かく迎えましょう。
- 行ってまいります：外出を知らせましょう。
- ただいま戻りました：無事に戻ったことを伝えましょう。
- 今、お手すきですか：自分から用件を切り出すときに使いましょう。
- 失礼いたします：相手の動作を中断させるときに使いましょう。
- お疲れさまでした：相手の苦労をねぎらいましょう。
- いつもお世話になっております：取引先の人へ感謝を伝えましょう。
- お先に失礼します：退社の際に忘れず言いましょう。

名刺 명함 | 語源 어원 | すれ違う 스쳐지나가다, 엇갈리다 | 見知らぬ 알지 못하는, 낯선 | 声をかける 말을 걸다 | 一人前 어른, 제몫을 하는 사람 | みなす 간주하다, 가정하다 | ビジネス(business) 비즈니스 | コミュニティー (community) 커뮤니티, 공동체, 지역사회 | 傾向 경향 | 残る 남다 | ~はもちろん ~는 물론이고 | ご苦労さま 수고했습니다 | 略 생략 | ねぎらう 위로하다, 어루만지다 | ご機嫌いかがですか 기분이 어떠십니까? | 体調 몸상태 | 心境 심경 | 欠かせない 빠트릴 수 없다 | 名乗る 자기 이름을 대다 | 身分証明書 신분증명서 | 丁寧 정중 | 扱う 다루다 | 先方 상대편 | お邪魔します 실례하겠습니다 | 敬意を払う 경의를 표하다 | 明らか(な) 분명(한), 뚜렷(한) | 格上 지위가 격식이 위인 것 | 文献 문헌 | 記述 기술 | そのもの 바로 그것, 그 자체 | 古語 고어 | 不在 부재 | 戸口 출입구 | 隙間 틈, 겨를 | 挟む 끼우다, 사이에 두다 | 来訪 내방 | 和紙 일본 종이 | 墨 먹 | 自己紹介がわり 자기소개 대신 | さわやか 상쾌, 시원 | スタート(start)する 시작하다 | 気分 기분 | 失敗 실패, 실수 | 率直 솔직, 고분고분 | 認める 인정하다 | 送り出す 배웅하다, 내보내다 | 迎える 맞이하다 | 外出 외출 | お手すき 틈이 남, 손이 빔 | 用件 용건 | 切り出す 말을 꺼내다 | 取引先 거래처 | 退社 퇴근, 퇴사

1 「挨拶」というのは、本来どういう意味を持った語でしたか。

_____

2 「おはよう」「こんにちは」「こんばんは」「おやすみ」の挨拶の中で、家族
に対して使わない挨拶はどれですか。

_____

3 「お帰りなさい」は上司に対して使ってもいい言葉ですか。

_____

4 名刺というのは、もともとどのようなものでしたか。

_____

5 初対面の人との名刺交換の習慣は、どうして日本の文化そのものと言える
のですか。

_____

Part 03

上座と下座
<small>かみ ざ</small> <small>しも ざ</small>

상좌와 하좌

　ご存じの方も多いでしょうが、上座は目上の人（上司・客人など）が座る席、下座は目下の人（部下や家族など、もてなす側）が座る席です。ビジネスの世界ではこの席次が重んじられますから、ぜひ知っておいてくださいね。「かみざ」「しもざ」または「じょうざ」「げざ」とも呼ばれます。

　一般に、和室では床の間に近い席が上座、部屋の出入り口に近い席が下座となります。床の間がない部屋では、出入り口から向かって右手奥や、庭などの見晴らしがよく、額や飾り物がある側が「上座」になります。

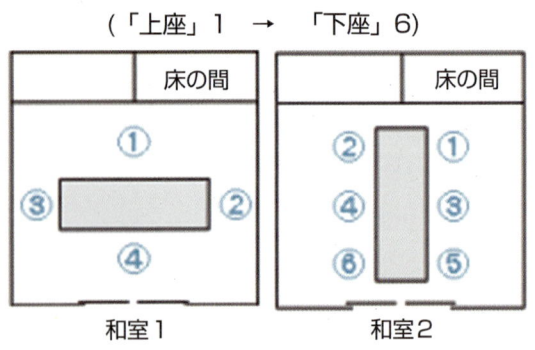

（「上座」1 → 「下座」6）

なぜ床の間の近くが上座になったのでしょうか。それは床の間の歴史をみるとわかります。床の間は書院造りの特徴で、もともと仏画をかける

神聖な場所であったため、部屋の一番奥の、出入り口から遠くて落ち着いた場所に造られました。そのため、客人や身分の高い人には、その神聖で落ち着く場所に、座ってもらうようになったのです。

会社の応接室では、部屋の入口から遠く、かつ入口が見えるところ、窓から景色などがよく見えて、部屋の装飾品や絵画・花などが観賞できる席が上

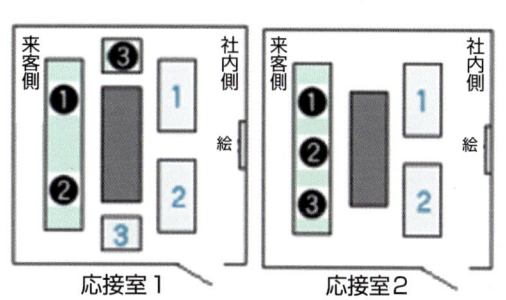

応接室1　　　　応接室2

座になります。そして、来客側にゆったり座っていただくために、長椅子やソファーを配置するのが礼儀です。出入り口に近い方が下座なのは、出入りが頻繁にあると、落ち着かない気分になるため、大事な人を座らせるわけにはいかないからです。

乗り物にも、上座・下座があります。運転手つきの場合は、運転手の後ろが「上座」となります。また、持ち主本人が運転する場合は助手席が「上座」となります。タクシーなどでは、目下の者が精算をして降りることを忘れないでください。

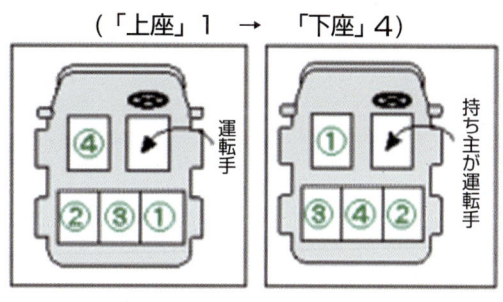

（「上座」1　→　「下座」4）

新幹線のような場合、進行方向を向いて、座る位置の窓側が上座です。通路側は下座になります。しかし、「上座」の席に破

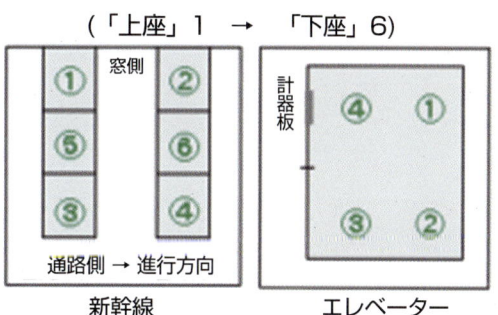

（「上座」1　→　「下座」6）

新幹線　　　　エレベーター

115

損や座り心地が悪いなどの不備がある場合は、そのことを伝えて、自らその席に座るようにしましょう。

　エレベーターでは、入口から向かって左奥から順番に上座で、手前の操作ボタンのある方が一番の下座です。ボタンの位置が左右どちらであっても、奥の位置はかわりません。

　以上が原則なのですが、上座であっても冷暖房の風が直接当たる、また直射日光が当たる、逆光で目上の人が心地よく過ごせないなどの場合があります。そんなときには、その時々の状況に合わせて席を勧めるのが、ほんとうに相手を気づかったおもてなしと言えるでしょう。

1　自分の会社の社長と取引先の社長が食事をするとき、どちらが上座になり
　　ますか。それはどうしてですか。

　　_____

2　「床の間」というのは、もともとどのような場所でしたか。

　　_____

3　会社の応接室では、どうして出入り口から遠いところが上座になるのですか。

　　_____

4　あなたが自分の車でお客を駅まで送るとき、お客にはどこに乗ってもらいま
　　すか。

　　_____

5　あなたが上司やお客と一緒とエレベーターに乗るとき、あなたはどの位置
　　に立ちますか。

　　_____

Part 04

手みやげと餞別
（て）（せんべつ）

데미야게(手みやげ)와 셈베쓰(餞別)

　日本では知人やオフィスを訪ねるとき、菓子折な
どを持っていく習慣があります。これを手みやげ
と言います。

　手みやげには、縁談や就職の世話をお願いする
など、改まった訪問のときに持っていくものと、
親交を深めるために友人と会うときに持っていく
ものとがあります。改まった訪問のときの手みや
げには、やはり改まった品がいいでしょう。行く
途中で買うのではなく、事前に心を込めて選んだ
品を用意しておきましょう。お菓子なら、老舗や
名店の品格の感じられるものがいいでしょう。

　お祝い事なら、お酒やお祝いの品が適していま
す。のし紙には「ご銘菓」あ
るいは「粗品」と表書きし、下には姓だけでなく名前も書くのが正式です。手
みやげをいつ手渡すかですが、先方であいさつをした後、「ごあいさつの

つまらない物
ですが、…

お口に合います
かどうか、…

粗品

118

しるしに」とか「つまらないものですが」とか言って風呂敷や袋から取り出し、品物の正面を相手に向けて、両手で差し出すのが和式マナーです。受け取る方は、ありがたくいただき、一旦、座敷の高いところに納め、次にその場を離れるときに持って出ます。なお、風呂敷や空袋は自分で持ち帰ります。

　以上が正式の手みやげ授受の作法なのですが、親交が目的の場合の手みやげは、形式ばったり、気取ったりする必要はありません。手づくりのケーキやジャム、庭に咲いた花なども喜ばれるでしょう。受け取るほうも体裁ではなく、率直な気持ちを表すことが大切です。手みやげを出されたら「開けてもいいですか」と断って、その場で包みを開き、すぐに「うれしい」とか「素敵」と感想を伝えます。品物が花なら、すぐ花瓶に活けて部屋に飾りますし、食品なら器に盛って、「いっしょにいただきましょう。」と勧めます。その場で開けて喜びを表すのは、日本の古い作法ではよくないとされていましたが、欧米社会ではこれがマナーですし、親しい間柄には欧米風のほうが自然ではないでしょうか。

　餞別には、転居・転職する方へ、「これからもよろしく」「お元気で」と心を込めて贈る場合と、旅行に出る方へ贈る場合とがあります。転居先や旅先で役立つような物品や金銭を贈るのですが、欧米では餞別に金銭を贈ることはないようです。

　転居・転職の場合は、親しくしていた近所の方や職場仲間に、お別れの二～三週間前から当日までに贈るといいでしょう。体裁は、紅白五本の結びきりの水引がついた、のし紙かのし袋に「餞別」「はなむけ」などと書きます。ただし、目上の人には「餞別」と

<結びきりの水引>

書くと失礼にあたるので、その場合は「御礼」と書きます。餞別へのお返しは必要ありませんが、新しい土地や職場に無事移ったという報告を添えて、必ず礼状を出しましょう。

　旅行する人への餞別については、特別の目的や立場での旅行に限って餞別を贈るというのが一般的です。例えば重要な意味のある会議や会合に出席

<花結びの水引>

する場合、何かの代表として催しなどに参加する場合、長期間海外に滞在するような場合があります。旅の準備を始めるころから出発の一両日前までに贈るようにします。

体裁は紅白の花結びの水引きを使います。

　最後に参考までにお話ししますが、日本からのお土産で外国の方に喜ばれる贈り物は、浮世絵入りの風呂敷や手ぬぐい、扇子・団扇などだそうです。

手みやげ (방문할 때) 들고 가는 간단한 선물 | 訪ねる 방문하다, 묻다 | 菓子折 과자 상자 | 縁談 혼담 | 就職 취직 | 世話 도와줌, 소개, 신세 | 改まる 격식을 차리다, 정색을 하다 | 親交を深める 친분을 두텁게 하다 | やはり 역시 | 老舗 대대로 내려온 유명한 가게 | 名店 유명한 점포 | 品格 품격 | のし紙 선물을 싸는 종이 | ご銘菓 명과, 특별한 이름을 붙인 이름난 과자 | 粗品 변변치 못한 물건 | 表書きする 겉봉에 주소나 이름을 쓰다 | ごあいさつのしるし 인사의 표시 | 風呂敷 보자기 | 空袋 빈 봉투 | 座敷 다다미방, 손님방 | 納める 바치다, 거두다 | 授受 수수, 주고받음 | 作法 예절 | 形式ばる 형식만 차리다 | 気取る 점잔빼다, 젠체하다 | 手づくり 직접 만든 것 | ジャム(jam) 잼 | 体裁 형식, 체면, 빈말 | 率直 솔직(한) | 断る 미리 말하다, 미리 양해를 구하다 | 包み 싼 물건, 포장한 것 | 素敵(な) 멋(진), 훌륭(한) | 感想 감상 | 花瓶に活ける 꽃병에 꽂다 | 食品 식품 | 器に盛る 그릇에 담다 | 勧める 권하다, 권유하다 | 欧米社会 서양 사회 | 間柄 사람과 사람 사이, 관계 | 転居 전거, 이사 | 転職 전직 | 物品 물품 | 金銭 금전 | 結びきり 결혼이나 퇴원 등 반복되어서는 안 될 일일 경우에 짓는 매듭 | 水引 가는 지노 여러 개를 합쳐 서 풀을 먹여 굳히고 중아에서 색을 갈라 염색한 끈 | のし袋 축의금 등을 보낼 때 돈을 넣는 색줄 친 종이봉투 | はなむけ 길 떠나는 사람에게 주는 금품이나 시가(詩歌) 등 | 御礼 감사 | お返し 답례, 회신 | 催し 모임 | 滞在する 체재하다 | 一両日 하루 이틀 | 花結び 꽃이나 나비 모양으로 맨 장식 | 浮世絵 에도시대에 성행한 유녀나 연극을 다룬 풍속화 | 手ぬぐい 수건 | 扇子 쥘부채 | 団扇 부채

1　「粗品」と書いて贈るのは、どのような手みやげですか。

_____

2　手みやげをすぐ開けてもいいのはどのような場合ですか。

_____

3　手みやげを受け取るとき、日本と欧米ではどのような違いがありますか。

_____

4　餞別を贈るとき、日本と欧米ではどのような違いがありますか。

_____

5　留学する親戚の子どもに餞別を贈るときに使う水引は、結び切りのものですが、花結びのものですか。

_____

Part 05

<ruby>面接<rt>めんせつ</rt></ruby>の<ruby>知識<rt>ちしき</rt></ruby>とマナー

면접 지식과 매너

　面接は、よく「段取り８分！ 残りの２分は機転と人柄」と言われます。面接に成功する人というのは、日ごろから自分の能力や長所・短所、経験などをきちっと整理して、面接の中で「自分自身を正確に説明できる」人でしょう。

　まず、面接へ行く前に、持っていくものや身だしなみのチェックをしておいた方がいいですよ。第一印象はとても大事です。

　さて、面接は、求人側が応募者本人と直接会い、応募書類の記入事項の確認と書類だけではつかめない人間性を探るための機会です。社風に合うかどうか、協調性はあるか、仕事への熱意はどうか、人間的な魅力や生き方に信念があるか、などがチェックポイントですが、これから面接の実際の流れにそって、面接のマナーをチェックしてみましょう。

　［以下、イラスト等、埼玉県「彩の国仕事発見システム」に基づく。］

1. 部屋に入る

　　面接室のドアをノック（ゆっくり２回）する。

　　（「お入りください」の声がかかってから入室）

　⇒ 入室

　　まず、面接官に軽く一礼【会釈15度】

　　「失礼いたします。」

30°

⇒ 面接官の前まで進む。

⇒ 椅子の左側に立つ。

- 背筋を伸ばす。踵をつけ、爪先は少し開いて直立不動。
- 手はまっ直ぐ伸ばして、ズボンの折り目に添える(男性)。
- 手は前で重ねる(女性)。
- 笑顔で、明るく、視線は面接官に。

「○○○○ (姓名) と申します。よろしくお願いいたます」

【敬礼：30度のお辞儀】

2. 椅子に座る

面接官：「○○さんですね。どうぞお座りください。」

求職者(立ったまま)：「はい、ありがとうございます。失礼いたします。」

⇒ 座る。

- 背中は軽く椅子の背に・背筋を伸ばす。
- 手は軽く握って膝の上に置く(男性)。
- 手は重ねて膝の上に置く(女性)。

面接官：「私は人事の△△です。こちらは▽▽です。」

「○○さん、貴方の (自己紹介/自己PR…) をしてください。」

求職者：【軽くうなずき、面接官の目を見ながら「はい」と返事】

「はい、私は……………………………………………」

(応募書類にまとめてある内容を落ち着いて話す)

3. 本論に入る

　志望動機、退職理由、性格 (長所・短所)、前職の仕事内容、職務経験、その他さまざまな角度から硬軟織り交ぜた質問がされます。

　答え方として、注意するのは以下の点でしょう。

- 求職者は自信ある態度で、ハキハキと答える。
- まず結論を述べる。聞かれたら理由を具体的に説明。
- 質問の意味がわからない時、わからないまま曖昧な答えはしない。

「申しわけありません。もう一度おっしゃっていただけますか。」

「……というのは、……ということでしょうか？」(確認)

- 以前勤めていた会社を非難することは絶対にしない。
- 退職理由をきちんと整理し、前向きな理由にしておく。

- 軽くうなずきながら質問を聴く。はいと返事をして答える。
- 笑顔で相手の目を見て話す。ジェスチャーを交えてもよい。

4. 終了から退室まで

面接官：「それでは、最後に何か質問はありますか。」

求職者：「はい、………………について、お聞かせください。」

面接官：「はい、それではこれで結構です。結果は○○日後に、△△の 方法
　　　　でご連絡いたします。」

求職者：(椅子の左側に立つ)　「本日はありがとうござ
　　　　いました。是非よろしくお願いいたします。」
　　　　【心をこめて最敬礼（45度のお辞儀）】

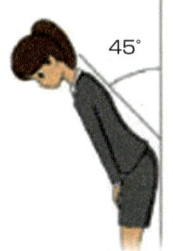

⇒ 退室ドアのところで、面接官に一礼【会釈15度】
　　面接の流れとマナーについて確認できましたか。

よくある質問事項

- 志望動機はなんですか？
- なぜ、当社に応募したのですか？
- あなたは、当社で何をやりたいのですか？
- あなたは、当社で何ができますか？
- あなたの長所・短所はなんですか？
- あなたの趣味および特技はなんですか？
- 今までの職歴を説明してください。
- 前の会社を退職した理由はなんですか？
- これだけは人に負けないと思うものはなんですか？
- 今までで、一番大きな失敗はなんですか？
- この会社の他に、どのような会社を受けていますか？

面接 면접 | 段取り 일을 진행시키는 순서, 절차 | 〜分 십분의 일 | 機転 기지, 재치 | 人柄 인품, 사람됨 | 長所 장점 | 短所 단点 | 経験 경험 | 自分自身 자기자신 | 身だしなみ 차림새, 단정한 몸가짐 | チェック(check) 체크, 점검 | 第一印象 첫인상 | 求人側 구인 측 | 応募者 응모자 | 人間性を探る 인간성을 살피다 | 社風 사풍 | 協調性 협조성 | 熱意 열의 | 魅力 매력 | 信念 신념 | 踵をつける 뒤꿈치를 붙이다 | 爪先 발끝, 발가락 끝 | 直立不動 똑바로 서서 움직이지 않다 | 折り目 접은 금 | 経歴 경력 | ＰＲ 널리 알리는 일, 선전 | うなずく 고개를 끄덕이다 | 志望動機 지망 동기 | 退職理由 퇴직 이유 | 硬軟 | 織り交ぜる 딱딱하고 부드러운 것이 뒤섞이다 | ハキハキと 시원시원, 또랑또랑 | 曖昧 애매 | 非難する 비난하다 | 前向き 적극적, 발전적 | ジェスチャー(gesture)を交える 제스처를 섞다, 몸짓을 섞다 | 趣味 취미 | 特技 특기 | 職歴 직력

1 「段取り八分」とありますが、具体的には何を指していますか。

_____

2 企業はどのような目的で面接試験を行うのですか。

_____

3 入退室の時に必ずしなければならないことは何ですか。

_____

4 面接試験で最初に聞かれるのはどんなことですか。

_____

5 「よくある質問事項」の中で、その人の能力が一番よくわかるのはどの質問ですか。

_____

会社での言葉づかい

회사에서 쓰는 말

1. 社内でのあいさつ

- 外出する人へ

  「いってらっしゃい」

  「お気をつけて」

- 外出から戻った人へ

  「お帰りなさい」

  「お疲れさまです」

注：目上の人に「ご苦労さま」とは言わないように。「ご苦労さま」は目上の人が使うことばです。

2. 時候のあいさつ

- 天候

  「いいお天気ですね」

  「はっきりしないお天気ですね」）

  「あいにくのお天気ですね」

- 春

  「ずいぶんと暖かくなりましたね」

  「すっかり春めいてきましたね」

---

1 사내 인사

- 외출하는 사람에게

  다녀오세요.

  조심하세요.

- 외출에서 돌아온 사람에게

  잘 다녀오셨어요?

  힘드시죠?

(주 : 윗사람에게 '수고하셨습니다'는 사용하지 말도록. '수고하셨습니다'는 윗사람이 하는 말입니다.)

2 계절 인사

- 날씨

  날씨가 좋군요.

  날씨가 분명하지가 않네요.

  하필 날씨가 안 좋네요.

- 봄

  많이 따뜻해졌네요.

  봄기운이 완연하네요.

  완전히 봄기운이 나는데요.

- 夏

　「毎日暑くて大変ですね」

　「今年の夏は、格別に暑いですね」

- 秋

　「ずいぶん過ごしやすくなりましたね」

　「陽が短くなりましたね」

- 冬

　「めっきり寒くなりましたね」

　「暮れも押し迫ってきましたね」

注：こうしたあいさつ言葉を覚えておくと、会話の取っかかりになります。

3. 謝り

- 謝る

　「申しわけございません」

　「誠に失礼いたしました」

- 努力したが、できなかったとき

　「お役に立てず、申しわけございません」

注：相手が期待するような結果を出せなかったときは、あれこれ言い訳をしないで、先ず謝りましょう。事情を述べるにしても、その後にしましょう。

- 反省を表す

　「二度とこのようなことのないよう、注意いたします」

- 遅刻を詫びる

　「大変お待たせして、申しわけございません」

　「出がけに急用が入ってしまいまして、…」

注：遅刻した理由がある場合は、具体的に説明しましょう。

- 約束を変更するとき

　「誠に勝手なお願いで、申しわけないのですが、…」

- 여름

　더위 때문에 힘드시죠?

　올 여름은 유난히 덥네요.

- 가을

　꽤 선선해졌어요.

　해가 짧아졌네요.

- 겨울

　제법 추워졌는데요.

　연말이 다가오고 있군요.

(주 : 이런 인사말을 외워두면, 회화를 주도할 수가 있습니다.)

3 사과

- 사과한다

　죄송합니다.

　정말 실례했습니다.

- 노력했지만 성공하지 못했을 때

　도움이 못 되서 죄송합니다.

(주 : 상대가 기대하는 결과를 내지 못했을 때는 이런저런 변명을 하지 말고 우선 사과부터 합니다. 사정 설명은 하더라도 나중에 합니다.)

- 반성하는 마음을 나타낸다

　다시는 이런 일이 없도록 주의하겠습니다.

- 지각을 사과한다

　오래 기다리게 해서 죄송합니다.

　나오려는 참에 급한 일이 생기는 바람에……

(주 : 지각한 이유가 있을 경우는 구체적으로 설명합니다.)

- 약속을 변경할 때

　멋대로 부탁을 드려서 죄송합니다만……

「大変申しわけありませんが、後日、お約束できませんか」

注：相手を気づかいながら提案します。変更の理由は率直に伝えましょう。

- 約束を破棄するとき

「この件は、白紙に戻させていただけないでしょうか」

「申しわけありませんが、この話はなかったことにしていただけないでしょうか」

注：自分の都合で一度契約したり、約束したことを破棄する場合は、自分に責任があることを明確にして、心から詫びて謝りましょう。

4. お礼を言う

- 物をもらったとき

「先ほどは（／先日は）けっこうな物をいただきまして」

「ちょうだいいたします」

注：「ちょうだいいたします」は名刺を受け取るときにも使います。

- お世話になったとき

「お世話になりました」

「恐れ入ります」）

「ご協力いただきまして、ありがとうございました」

5. 誘う

- 誘う

「いろいろお忙しいでしょうが、ぜひ…」

「みなさま、お誘い合わせの上、ぜひ…」

- 挨拶かわり

「お帰りの節にでも、ぜひお立ち寄りください」

「近くにおこしの際は、ぜひお立ち寄りください」

128

대단히 죄송하지만 약속을 다음 날로 미룰 수 없겠습니까?

(주 : 상대방을 배려하면서 제안합니다. 또한 변경하는 이유는 솔직하게 말합니다.)

- 약속을 파기할 때

이 건을 백지화 해 주시겠습니까?

죄송하지만 이 이야기는 없었던 걸로 해 주시겠습니까?

(주 : 자기의 사정으로 일단 계약하거나 약속한 일을 파기할 경우는 자기에게 책임이 있음을 분명히 하고 진심으로 사과합니다.)

4 감사

- 뭔가를 받았을 때

아까는 / 일전에는 훌륭한 물건을 주셔서 감사합니다.

감사히 받겠습니다.

(주 : '감사히 받겠습니다'는 명함을 받을 때 사용합니다.)

- 신세를 졌을 때

신세 많았습니다.

송구스럽습니다.

협력해 주셔서 감사합니다.

5 권유

- 권하다

여러 가지로 바쁘시겠지만 그래도 꼭……

여러분, 서로 상의하셔서 꼭……

- 인사 대신에

돌아가실 때라도 꼭 들려주세요.

근처에 오실 때는 꼭 들려주세요.

6. 依頼

- 依頼する

「〜していただきたいのですが、お願いできますか」

「〜していただけませんでしょうか」

注：日本では、たとえ上司が部下に頼む場合でも、命令口調は避けます。

- 前置きの言葉

「突然のお願いで恐縮ですが…」

「折り入って、ご相談したいことがあるのですが…」

「お手数をおかけして、申しわけありませんが…」

注：人にものを依頼する時は、前置きの言葉を添えましょう。

7. 依頼を受ける

- 引き受ける

「承りました」

「承知しました」

「かしこまりました」

- 申し出る

「私にできることでしたら、なんなりとお申しつけください」

「どうぞ遠慮なくおっしゃってください」

8. 相手の呼び方

- 取引先の呼び方

「御社」　　「貴社」

「○○社さま／○○商事さま」

注：「御社」「貴社」でもかまいませんが、できるだけ「○○社さま」のように、正式名称で呼ぶようにしましょう。

6 의뢰

- 의뢰하다

~해 주셨으면 하는데 부탁드려도 되겠습니까?

~해 주실 수 있겠습니까?

(주 : 일본에서는 상사가 부하에게 부탁할 경우에도 명령하는 말투는 피합니다.)

- 서두의 말

갑자기 부탁드려서 죄송합니다만……

긴히 의논드릴 일이 있습니다만……

수고를 끼쳐서 죄송합니다만……

(주 : 남에게 뭔가 의뢰할 때는 서두의 말을 곁들입니다.)

7 의뢰를 수락하다

- 받아들임

승낙하겠습니다.

받아들이겠습니다.

알겠습니다.

- 자청

제가 할 수 있는 일이라면 뭐든 말씀해 주세요.

기탄없이 말씀해 주세요.

8 상대를 부르는 법

- 거래처를 부르는 법

귀사

OO사 님 / OO상사 님

(주 : '귀사'도 괜찮지만 되도록 'OO사 님'처럼 정식 명칭으로 부르는 것이 좋습니다.)

• 自分の会社の呼び方

「弊社」　　「小社」　　「当社」

• 同僚の呼び方

「○○さん」　　「○○くん」

• 上司の呼び方

「○○課長」

「○○部長」

注：上司には、姓に役職名をつけて呼びましょう。

9. 話の切り出し方

• 尋ねる

「恐れ入りますが、どちらさまですか」

「つかぬことをお伺いしますが」

「立ち入ったことを伺うようですが、…」

「この点（件）は、どうなさいますか」

注：お客さまがお見えになったとき、いきなり「どなたですか」と聞くのでなく、「恐れ入りますが」と一言添えた方がいい印象になります。

• 個人的な話を切り出す

「私事で恐縮ですが、…」

「個人的な話ですけれども、実は…」

注：個人的な話を切り出す場合、こうした前置きの言葉を加えましょう。

10. 会社訪問と来客との応対

• 訪問したとき

【約束があるとき】

「お忙しいところを恐れ入ります」

• 자기 회사를 부르는 법

폐사, 당사

• 동료를 부르는 법

○○ 씨   ○○ 군

• 상사를 부르는 법

○○ 과장님

○○ 부장님

(주 : 상사에게는 성에 직명을 붙여서 부릅니다.)

9 말을 꺼내는 법

• 질문

죄송하지만 누구신지요?

갑자기 말씀드려 미안합니다만……

개인적인 일을 묻는 것 같지만……

이 점(건)은 어떻게 하시겠습니까?

(주 : 손님이 왔을 때 대뜸 '누구십니까?'라고 묻지 말고 '죄송하지만'이라고 한 마디 덧붙이면 좋은 인상을 줍니다.)

• 개인적인 이야기를 꺼낼 때

사적인 이야기라 죄송합니다만……

개인적인 이야기인데 실은……

(주 : 개인적인 이야기를 꺼낼 경우 이렇게 서두의 말을 덧붙입니다.)

10 회사 방문과 손님 응대

• 방문했을 때

[약속했을 때]

바쁘신 중에 죄송합니다.

○○사의 ○○라고 합니다.

「○○社の○○と申します」

「○○部の○○さまと、○時にお約束をしているのですが、…」

注：受付で、会社名・氏名、約束している相手の名をはっきりと告げ、呼び出してもらいます。

【約束がないとき】

「お約束はないのですが、営業部の○○様がおいででしたら、お目にかかりたいのですが、…」

注：基本的に約束なしで突然会いに行くのは、礼儀に反します。もし緊急を要することで会いに行く場合でも、丁寧に挨拶し、事情を話します。くれぐれも相手の都合を優先する姿勢を忘れないようにしましょう。

• 来客への対応

「いらっしゃいませ」

「遠いところを、よくお越しくださいました」

「わざわざお越しいただき、申し訳ございませんでした」

• 訪問先から帰るとき

「本日はお忙しいところ、お時間をちょうだいして、申し訳ございませんでした」

「遅くまで、ありがとうございました」

注：帰る際は、時間を割いてもらったことへのお礼を忘れないようにしましょう。

• 来客が帰るときの対応

「また、ぜひお立ち寄りください」

「お気をつけてお帰りください」

「本日はありがとうございました。○○社長（／さま／先生）にも、よろしくお伝えください」

注：来訪者が気持ちよく帰れるような挨拶を心がけましょう。

OO부의 OO 님과 O시에 약속을 했습니다만……

(주 : 접수처에서 자신의 회사명, 이름, 약속한 상대의 이름을 분명하게 말하고 그 사람을 불러달라고 합니다.)

[약속하지 않았을 때]

약속은 하지 않았지만 영업부의 OO 님이 계시면 만나뵙고 싶은데요……

(주 : 기본적으로 약속도 하지 않고 만나러 가는 것은 예의에 어긋납니다. 만약 긴급한 일로 연락 없이 갔을 때는 정중하게 인사하고 사정을 이야기합니다. 아무쪼록 상대방의 사정을 우선해서 생각하는 자세를 잊지 마세요.)

• 손님 대응

어서오세요.

먼 곳까지 와 주셔서 감사합니다.

일부러 오시게 해서 죄송합니다.

• 방문을 마치고 돌아갈 때

오늘은 바쁘신데 시간을 빼앗아서 죄송합니다.

늦게까지 감사합니다.

(주 : 돌아갈 때는 시간을 내 준 것에 대한 감사의 말을 잊지 마세요.)

• 손님이 돌아갈 때의 대응

또 오세요.

조심해서 돌아가세요.

오늘은 감사했습니다. OO 사장님(/님/ 선생님)께도 안부 전해주세요.

(주 : 찾아온 사람이 기분 좋게 돌아갈 수 있는 인사말을 합니다.)

二十四節気と季節の花

24절기와 계절 꽃

春
（はる）

立春（りっしゅん）

- 2月4日ごろ
- 春の始まり。この日から立夏の前日までが春。

雨水（うすい）

- 2月19日ごろ
- 雪の降ることがなくなり、これから雨が降るようになるという意味。

啓蟄（けいちつ）

- 3月5日ごろ
- 冬眠をしていた虫が、穴から出てくるころという意味。

春分（しゅんぶん）

- 3月21日ごろ

2月の花　水仙
수선화

3月の花　桃
복숭아 꽃

봄

입춘(立春)

- 2월 4일경
- 봄의 시작. 이날부터 입하 전날까지가 봄.

우수(雨水)

- 2월 19일경
- 이제 눈은 내리지 않고 앞으로 비가 내리게 된다는 의미.

경칩(啓蟄)

- 3월 5일경
- 동면했던 벌레가 구멍에서 나올 무렵이라는 의미.

춘분(春分)

- 3월 21일경

- 昼夜の長さがほぼ同じになる。この日を境に昼の方が長くなり、本格的な春が始まる。

清明（せいめい）

- 4月5日ごろ
- 清浄明潔の略。気持ちのよい季節という意味。

4月の花　桜
벚꽃

穀雨（こくう）

- 4月20日ごろ
- 春雨が降って百穀を潤し、芽を出させるという意味。

夏

立夏（りっか）

- 5月5日ごろ
- 夏の始まり。この日から立秋の前日までが夏。

5月の花　菖蒲
창포

小満（しょうまん）

- 5月21日ごろ
- 陽気がよくなり、草木などの生き物が次第に生長して生い茂るという意味。

芒種（ぼうしゅ）

- 6月6日ごろ
- 芒（のぎ）のある穀物の種をまくころという意味。芒というのは、稲などにあるトゲのような突起のこと。

6月の花　梔子
치자꽃

- 낮과 밤의 길이가 거의 같아진다. 이날을 경계로 낮의 길이가 길어지고 본격적으로 봄이 시작된다.

청명(清明)

- 4월 5일경
- 청정명결(清淨明潔)의 준말. 기분 좋은 계절이라는 의미.

곡우(穀雨)

- 4월 20일경
- 봄비가 내려 백곡이 윤택해지고 싹을 트게 한다는 의미.

여름

입하(立夏)

- 5월 5일경
- 여름의 시작. 이날부터 입추 전날까지가 여름.

소만(小満)

- 5월 21일경
- 양기가 좋아지고 초목 등의 생물이 점차 자라서 무성해진다는 의미.

망종(芒種)

- 6월 6일경
- 까끄라기가 있는 곡물의 씨를 뿌릴 무렵이라는 의미. 까끄라기는 벼 등에 있는 가시처럼 생긴 돌기를 말한다

夏至 （げし）

- 6月21日ごろ
- 一年中<ruby>一年中<rt>いちねんじゅう</rt></ruby>で一番<ruby>昼<rt>ひる</rt></ruby>が長い。

小暑 （しょうしょ）

- 7月7日ごろ
- <ruby>梅雨明<rt>つゆあ</rt></ruby>けが近く、<ruby>本格的<rt>ほんかくてき</rt></ruby>な<ruby>暑<rt>あつ</rt></ruby>さが始まるころ。

大暑 （たいしょ）

- 7月23日ごろ
- <ruby>最<rt>もっと</rt></ruby>も暑いころという意味。

7月の花 <ruby>紫陽花<rt>あじさい</rt></ruby>
자양화

<ruby>秋<rt>あき</rt></ruby>

立秋 （りっしゅう）

- 8月8日ごろ
- 秋の始まり。この日から<ruby>立冬<rt>りっとう</rt></ruby>の前日までが秋。立秋<ruby>以降<rt>いこう</rt></ruby>の<ruby>暑<rt>あつ</rt></ruby>さを「<ruby>残暑<rt>ざんしょ</rt></ruby>」という。

8月の花 <ruby>芙蓉<rt>ふよう</rt></ruby>
부용

処暑 （しょしょ）

- 8月23日ごろ
- 暑さが<ruby>収<rt>おさ</rt></ruby>まるころという意味。

白露 （はくろ）

- 9月8日ごろ
- <ruby>野<rt>の</rt></ruby>の<ruby>草<rt>くさ</rt></ruby>に<ruby>露<rt>つゆ</rt></ruby>が<ruby>宿<rt>やど</rt></ruby>って<ruby>白<rt>しろ</rt></ruby>く<ruby>見<rt>み</rt></ruby>え、秋の<ruby>趣<rt>おもむき</rt></ruby>がますます<ruby>深<rt>ふか</rt></ruby>まるころ。

9月の花 <ruby>竜胆<rt>りんどう</rt></ruby>
용담

하지(夏至)

- 6월 21일경
- 1년 중에서 낮이 가장 길다.

소서(小暑)

- 7월 7일경
- 장마가 끝날 때가 가까워지고 본격적으로 더위가 시작될 무렵.

대서(大暑)

- 7월 23일경
- 가장 더울 무렵이라는 의미.

가을

입추(立秋)

- 8월 8일경
- 가을의 시작. 이날부터 입동 전날까지가 가을. 입추 이후의 더위를 '잔서'라고 한다.

처서(処暑)

- 8월 23일경
- 더위가 진정될 무렵이라는 의미.

백로(白露)

- 9월 8일경
- 들판의 풀에 이슬이 맺혀서 하얗게 보이고 가을의 정취가 깊어갈 무렵.

秋分（しゅうぶん）

- 9月23日ごろ
- 昼夜の長さがほぼ同じになる。この日を境にじょじょに昼の方が短くなる。

寒露（かんろ）

- 10月8日ごろ
- 冷たい露の結ぶころ。

霜降（そうこう）

- 10月24日ごろ
- 霜が降りるころ。

10月の花　紅葉
단풍

冬

立冬（りっとう）

- 11月7日ごろ
- 冬の始まり。この日から立春の前日までが冬。

小雪（しょうせつ）

- 11月22日ごろ
- 冷え込みが厳しくなり、小雪がちらつくころ。

11月の花　石榴
석류

大雪（たいせつ）

- 12月7日ごろ
- 雪が大いに降り積もるころ。

12月の花　梅
매화

추분(秋分)

- 9월 23일경
- 낮과 밤의 길이가 거의 같아진다. 이 날을 경계로 점차 낮의 길이가 짧아진다.

한로(寒露)

- 10월 8일경
- 찬 이슬이 맺힐 무렵.

상강(霜降)

- 10월 24일경
- 서리가 내릴 무렵

겨울

입동(立冬)

- 11월 7일경.
- 겨울의 시작. 이날부터 입춘 전날까지가 겨울.

소설(小雪)

- 11월 22일경
- 추위가 심해지고 눈발이 조금씩 날릴 무렵.

대설(大雪)

- 12월 7일경
- 눈이 많이 내려 쌓일 무렵.

冬至 （とうじ）

- 12月21日ごろ
- 一年中で一番昼が短い。寒さはこれからが厳しくなるが、日脚は徐々に伸びてくる。

小寒 （しょうかん）

- 1月5日ごろ
- 寒気はまだ最高ではないが、寒さがいよいよ厳しくなっていくころ。この日が「寒の入り」で節分までが「寒の内」。

1月の花　椿
동백꽃

大寒 （だいかん）

- 1月21日ごろ
- 一年中で最も寒いころ。

동지(冬至)

- 12월 21일경
- 일 년 중에서 낮이 가장 짧다. 추위는 이때부터 심해지지만 해는 서서히 길어진다.

소한(小寒)

- 1월 5일경
- 추운 기운이 아직 최고조에 달하지 않았지만 추위가 본격적으로 심해질 무렵. 이날이 '한중'의 시작으로 세쓰분(節分)까지가 '한중'이다.

대한(大寒)

- 1월 21일경
- 일 년 중에서 가장 추울 무렵.

해석과 정답

Part 01 새해 복 많이 받으세요

독해문 해석

1월 1일부터 1월 3일까지를 상가니치(三が日), 1월 7일까지를 마쓰노우치(松の內)라고 부르며 이 기간을 '쇼가쓰(正月)'라고 합니다. 간지쓰(元日)는 국경일이며 관공서나 은행은 12월 29일에서 1월 3일까지 쉽니다.

예로부터 일 년의 첫날인 1월 1일 '간지쓰(元日)'는 우리에게 생명을 주는 '도시가미(歲神)'님을 맞이하여 받들어 모시는 날이었습니다. 오쇼가쓰에 사람을 만나면 '새해 복 많이 받으세요'라고 말하는데 이 인사는 원래 새해가 밝아 도시가미 님을 맞이할 때의 감사의 말이었습니다. 지금도 우리는 도시가미 님을 맞이하기 위해 문 앞에 가도마쓰(門松)를 장식하거나 가가미모치(鏡餠)를 바치거나 전날 준비한 오세치 요리를 먹거나 합니다. 그리고 아이들은 부모나 친척에게서 세뱃돈을 받습니다. 최근에는 플라스틱으로 만든 가도마쓰나 가가미모치를 장식하기도 하고 오세치를 백화점에서 사오는 집도 많아졌습니다. 현대인의 생활이 바쁜 것은 알지만 이런 것은 되도록 직접 만들었으면 좋겠습니다.

헌데, 오늘날에는 '나이를 먹는 것'이 좋지 않은 일인 것처럼 말하지만 원래 '나이를 먹는 것'은 사람들에게 환영받는 일이었습니다. 쇼가쓰에 도시가미 님은 모든 사람과 사물에게 새로운 생명을 불어넣기 위해서 나타난다고 전해지고 있습니다. 다시 말하면 '나이를 먹는 것'은 일 년에 한 번 새롭게 다시 태어난다는 뜻이었습니다. 요즘 말로 하면 생명의 리셋인 셈입니다.

읽고 답하기

해석과 답

1 일본에서는 언제부터 언제까지를 쇼가쓰라고 부릅니까?
1월 1일부터 1월 7일까지입니다.

> 답 一月一日から一月七日までです。

2 일본에서 간지쓰(元日)는 어떤 날입니까?
도시가미 님을 맞이하여 받들어 모시는 날입니다.

> 답 歲神さまを迎え、おまつりする日です。

3 일본에서는 오쇼가쓰에 사람들을 만나면 어떻게 인사합니까?
'새해 복 많이 받으세요'라고 합니다.

> 답 「あけましておめでとうございます」と言います。

4 '도시가미'는 어떤 신입니까?
우리에게 매년 새로운 생명을 주는 신입니다.

> 답 私たちに新しい年の命を与えてくれる神さまです。

5 일본인은 오쇼가쓰에 무엇을 먹습니까?
전날에 준비한 오세치 요리를 먹습니다.

> 답 前日に用意したおせち料理を食べます。

문형 연습

해석과 답

01

ⓐ 金曜日、日曜日
주5일 근무제 회사가 많아서 금요일에서 일요일까지를 주말이라고 합니다.

ⓑ お正月、旧暦の一月一日、一月三日
우리나라에서는 오쇼가쓰는 음력 1월 1일에서 1월 3일까지입니다.

02

ⓐ 買い物に行った、公園を散歩した
휴일에는 쇼핑하러 가거나 공원을 산책합니다.

ⓑ 晴れた、曇った
오늘 날씨는 맑았다 흐렸다 할 겁니다.

03

ⓐ 日本に留学する
나는 일본에 유학하기 위해서 일본어를 공부하고 있습니다.

ⓑ 私の、お弁当を作って
우리 엄마는 나를 위해서 매일 도시락을 싸 줍니다.

오쇼가쓰 음식 – 이와이노젠(祝いの膳)

백화점 등에서 오세치 요리 세트(왼쪽 그림)를 만들어서 팔고 있는데 예전에는 세밑에 어머니께서 직접 정성껏 만들어 주셨습니다.

그 외에 국에 떡을 넣어서 먹는 '오조니(お雑煮)'가 있습니다. 떡 위에 여러 가지 재료를 올려서 먹습니다. 아버지들이 낙으로 삼는 것은 '도소주'로 오쇼가쓰에 마시는 약술입니다. 사실 '도소주'는 처음 한 잔만 마실 뿐이고 그 다음에는 좋아하는 술을 마음껏 즐깁니다. 이런 것들을 오쇼가쓰의 '이와이노젠'이라고 합니다.

신년의 참배 모습

신년에 첫 참배를 드리려는 사람들로 붐비는 절의 모습입니다. 원래는 그 고장의 수호신에게 인사를 드리는 것이지만, 최근에는 유명한 절이나 신사에 가는 사람이 많아졌습니다.

음력 1월의 특별한 날

❶ 신년 참배

새해가 밝은 후 처음으로 절이며 신사에 가서 일 년의 무사와 평안을 기원하는 행사입니다. 절과 신사에서 부적, 집신을 쫓는 화살, 팔랑개비 등을 사거나 에마(絵馬, 소원을 빌며 절이나 신사에 봉납하는 나무 판)에 소원을 적거나 제비뽑기 점을 치며 올해도 좋은 해가 되게 해달라고 기원합니다.

❷ 연하장

그동안 신세를 진 사람이나 친구들에게 오쇼가쓰에 보내는 엽서로, 그 해를 나타내는 동물의 일러스트가 들어간 연하 엽서에 '근하신년(謹賀新年)' '연하(年賀)' '신춘(新春)' '새해 복 많이 받으세요' 등을 크게 쓰고 하고 싶은 말을 곁들임니다.

❸ 첫 꿈(初夢)

오쇼가쓰에 꾸는 꿈을 첫 꿈이라고 합니다. 예로부터 그 꿈의 내용을 가지고 점을 쳤습니다.

❹ 가가미비라키(鏡開き)

1월 11일은 '가가미비라키의 날'입니다. 가가미비라키의 날에는 올 한해도 집안이 원만하기를 기원하면서 신에게 바쳤던 가가미모치를 다 함께 나누어 먹습니다.

❺ 성년의 날(1월 둘째 월요일)

성년의 날은 만 20세가 된 청년이 부모나 주위 어른들의 보호를 받았던 어린 시절을 마치고 자립해서 어른 사회로 들어가는 의식(성인식)을 하는 날입니다. 그날은 여자는 후리소데(振袖), 남자는 슈트나 하오리(羽織り), 하카마(袴) 등의 정장을 차려 입은 갓 성인이 된 사람들의 모습을 볼 수 있습니다.

연습 문제

1 ① 설 ② 국민 ③ 은행 ④ 목숨 ⑤ 장식하다
⑥ 최근 ⑦ 오늘날 ⑧ 나타나다 ⑨ 옛날

> **답** ① 正月 ② 国民 ③ 銀行 ④ 命 ⑤ 飾る
> ⑥ 最近 ⑦ 今日 ⑧ 現 ⑨ 昔

2 ① 축일 ② 관공서 ③ 해가 밝다 ④ 감사
⑤ 새해에 문 앞에 세우는 장식용 소나무 ⑥ 바치다
⑦ 생명 ⑧ 새롭게 ⑨ 경사스러운 날 먹는 음식

> **답** ① しゅくじつ ② かんこうちょう
> ③ とし、あ ④ かんしゃ ⑤ かどまつ
> ⑥ そな ⑦ せいめい ⑧ あら ⑨ いわ、ぜん

3 ① 1월 1일부터 1월 3일까지를 상가니치라고 합니다.
② 오쇼가쓰에 사람을 만났을 때는 '새해 복 많이 받으세요'라고 합니다.
③ 도시가미 님은 모든 사람과 사물에게 새로운 생명을 불어 넣기 위해 나타난다고 전해지고 있습니다.
④ 아버지들이 낙으로 삼는 것은 '도소주'입니다.

> **답** ① から、まで、と ② に、と、に、と
> ③ の、や、に、×、を、ため、と
> ④ が、に、の

4 (원래 / 다시 말하면 / 지금은 / 지금도)
① 지금도 그 날 일은 잘 기억하고 있습니다.
② 여기는 원래 바다였던 곳입니다.
③ 저 사람은 우리 아버지의 남동생, 다시 말하면 제 숙부입니다.
④ 지금은 그를 기억하고 있는 사람은 아무도 없다.

> **답** ① 今でも ② もともと ③ つまり ④ 今では

5 (부터 / 까지 / 위해서 / 만)

① 초등학생 아이들까지 휴대전화를 가지고 있는 시대다.
② 요리는 다 됐고 이제 아버지가 돌아오시기를 기다리기만 하면 된다.
③ 이야기하고 싶은 것이 많아서 무엇부터 말해야 좋을지 몰라 난처합니다.
④ 논문을 쓰기 위해서 자료를 모아야 합니다.

> 답 ① まで ② だけ
> ③ から ④ ために

6 ① 이상한 남자가 집 앞을 왔다 갔다 하고 있다.
② 내가 돌아올 때까지 절대로 여기서 움직이지 마세요.
③ 안전을 위해서 안전띠를 매 주세요.
④ 아버지는 매일 아침 일찍부터 밤늦게까지 일했다.

> 답 ① 行った、来た
> ② 戻って、来る、動か
> ③ 安全の、締め
> ④ 朝早く、夜遅く

Part 02 '귀신은 밖, 복은 안' (세쓰분(節分)의 콩 뿌리기)

독해문 해석

원래 세쓰분(節分)이라는 것은 원래 입춘·입하·입추·입동의 전날을 말했습니다. 그중에서 입춘이 일 년의 시작이라고 여겨졌기 때문에 봄의 세쓰분이 가장 중요했습니다. 지금은 '세쓰분'이라고 하면 입춘을 가리키게 되었습니다.

입춘은 2월 3일인 경우가 많지만 2일이나 4일이 될 때도 있습니다. 이 날은 음력으로 겨울의 끝, 일 년의 마지막 날에 해당되므로 새 봄을 맞이하기 위해서 전년의 나쁜 기운을 쫓아 버리고 복을 부르는 행사를 합니다. 그 대표적인 것이 '콩 뿌리기'입니다.

'콩 뿌리기'는 세쓰분날 밤 8시에서 10시 사이에 하는데 처음에는 현관, 그리고 각 방으로 옮겨가며 문을 활짝 열고 큰 소리로 '귀신은 밖, 복은 안'을 두 번 반복하면서 콩을 뿌립니다. 귀신은 그 집안의 주인이나 장남, 또는 액년을 맞은 사람이 했었는데 현재는

가족이 함께 즐기면서 하는 집이 많아진 것 같습니다. 콩을 다 뿌리고 나면 귀신이 들어오지 못하도록 바로 문을 닫습니다. 그런 다음에 온 가족이 자기 나이만큼 콩을 먹습니다. 액년인 사람은 한 개 더 먹으며 빨리 액년이 끝나도록 빕니다. 이 콩 뿌리기 풍습은 무로마치 시대에 시작되었는데 7세기 무렵에 중국에서 전해진 귀신 쫓는 의식 '쓰이나(追儺)'가 기원으로, 병이며 재해 등을 귀신이다 생각하고 복숭아나무로 만든 활이나 갈대 화살로 쫓아버리는 것이었습니다. 이때의 활과 화살이 콩으로 바뀐 것이 '콩 뿌리기'입니다.

읽고 답하기
해석과 답

1 오늘날 세쓰분은 언제를 가리킵니까?
입춘 전 날을 가리킵니다.
> 답 立春の前の日を指しています。

2 일본에서 하는 콩 뿌리기는 어떤 행사입니까?
나쁜 기운을 쫓아 버리고 복을 부르는 행사입니다.
> 답 邪気を払って、福を招く行事です。

3 콩을 뿌릴 때 뭐라고 말합니까?
'귀신은 밖, 복은 안'이라고 말합니다.
> 답 「鬼は外、福は内」と言います。

4 콩 뿌리기에서 집 안에 뿌렸던 콩은 어떻게 합니까?
가족 한 사람 한 사람이 자기 나이만큼 주워서 먹습니다.
> 답 家族の一人一人が、年の数だけ拾って食べます。

5 일본의 콩 뿌리기는 어떤 의식이 기원이 되어서 생겨났습니까?
7세기 무렵 중국에서 전해진 '쓰이나' 의식입니다.
> 답 7世紀ごろに中国から伝わった「追儺」の儀式です。

문형 연습
해석과 답

01

ⓐ 春の初めの
입춘이라는 것은 봄의 시작을 말합니다.

ⓑ 悪いことが起こりやすい
액년은 사람의 일생에서 나쁜 일이 일어나기 쉬운 해를 말합니다.

02

ⓐ 新聞を読み、食事をし

　신문을 읽으면서 식사를 하지 마세요.

ⓑ 歩き、話し

　걸으면서 이야기합시다.

03

ⓐ わかる

　좀더 알기 쉽게 설명해 주세요.

ⓑ 早めに出た

　지각하지 않도록 일찍 나가는 게 좋아요.

보충 학습　　　　　　　　　　　해석과 답

일본의 귀신과 중국의 귀신

　일본의 귀신이라고 하면 머리에 뿔이 두 개 있고, 파마를 한 것처럼 곱슬곱슬한 머리모양에다 아랫니가 날카롭고 뾰족한 엄니가 되어 위로 튀어나온 무서운 얼굴이 떠오릅니다.

　그러나 중국에서 '귀신'은 죽은 사람의 영혼이 이승을 방황하다가 다른 모습으로 이 세상에 나타나는 유령을 말하기 때문에 일본의 귀신과 이미지가 전혀 다릅니다. 그래서 중국인이 일본어의 '일 귀신'이라는 말을 듣고 떠올리는 것은 과로사 등으로 죽은 후에 이 세상을 원망하며 밤마다 나타나는 유령의 모습입니다.

　　고대의 쓰나 의식('고지엔'에서)

음력 2월의 특별한 날　　　　　　해석과 답

❶ 건국 기념일(2월 11일)

　일본서기에는 일본국을 통일하여 초대 천황이 된 사람은 진무(神武) 천황이라고 나와 있습니다. 물론 진무 천황은 과학적인 근거가 없는 신화상의 인물이지만 진무 천황이 즉위했다는 기원전 660년 2월 11일을 일본의 건국일로서 축하하려는 움직임이 고조되어 1966년에 국경일로 정해졌습니다.

❷ 발렌타인데이(2월 14일)

　2월 14일은 일본에서는 '여자가 남자에게 초콜릿을 선물하는 날'입니다. 실은 그 기원은 메리 초콜릿사가 이 날 도쿄의 '이세탄(伊勢丹) 백화점'에서 초콜릿을 판매한 것이 계기였습니다.

귀신이 나오는 민화 '모모타로(桃太郎)'

　민화 '모모타로'에서는 복숭아에서 태어난 모모타로가 수수경단을 가지고 귀신을 물리치러 갑니다. 귀신이 사는 오니가시마로 향하는 도중에 개, 원숭이, 꿩을 만나고 그들에게 수수경단을 주어 자기편으로 만들어서 힘을 합쳐 귀신을 물리친다는 이야기입니다. 그럼 그 시작 부분을 소개하겠습니다.

　'옛날, 옛날, 어떤 곳에 할아버지와 할머니가 살았습니다. 할아버지는 산으로 나무를 하러 가고 할머니는 강으로 빨래를 하러 갔습니다. 그런데 커다란 복숭아가 떠내려 왔습니다. 할머니는 기뻐하며 그 복숭아를 등에 지고 집으로 돌아왔습니다. 복숭아를 자르려고 하자 그 안에서 커다란 아기가 나왔습니다. ……'

연습 문제　　　　　　　　　　　해석과 답

1 ① 콩 뿌리기 ② 중요 ③ 행하다 ④ 주인 ⑤ 현재 ⑥ 가족 ⑦ 풍습 ⑧ 20세기 ⑨ 무서운 얼굴

> **답** ①豆　②大切　③行　④主人　⑤現在
> ⑥家族　⑦風習　⑧世紀　⑨恐、顔

2 ① 입춘 ② 음력 ③ 복을 부르다 ④ 현관 ⑤ 반복하다 ⑥ 장남 ⑦ 액년 ⑧ 병 ⑨ 뿔이 나다

> **답** ① りっしゅん　② きゅうれき　③ ふく、まね
> ④ げんかん　⑤ く、かえ　⑥ ちょうなん
> ⑦ やくどし　⑧ やまい　⑨ つの、は

3 ① 지금은 '세쓰분(節分)'이라고 하면 입춘을 가리키게 되었습니다.
② 이 날은 음력으로 겨울의 끝, 일 년의 마지막 날에 해당됩니다.
③ 문을 활짝 열고 큰 소리로 '귀신은 밖, 복은 안'이라고 말하면서 콩을 뿌립니다.
④ 일본의 귀신은 머리에 뿔이 두 개 있고 아랫니가 날카롭고 뾰족한 엄니가 되어 위로 튀어나와 있습니다.

> **답** ① で、と、を、に　　② で、の、の、の、に
> ③ を、×、で、と、を
> ④ の、に、が、×、の、が、に／と、に

4 (해당하다 / 맞이하다 / 하다 / 전해지다)
① 그 사고 뉴스는 즉시 우리들에게도 전해졌다.
② 일본어의 '다다이마'에 해당하는 한국어는 무엇입니까?
③ 공항까지 친구를 마중하러 갔습니다.
④ 다음 주 월요일에 기말시험을 치겠습니다.

> 답 ① つたわった ② あたる
> ③ むかえ ④ おこない

5 (~라고 하면 / 쯤 / ~하도록 / ~라는 것은)
① 당신에게 좋도록 하면 됩니다.
② 가장 행복한 사람은 '만족할 줄' 아는 사람이다.
③ 앞으로 한 달쯤 있으면 공사는 완공됩니다만……
④ 세쓰분이라고 하면 콩 뿌리기가 떠오릅니다.

> 답 ① ように ② というのは
> ③ ぐらい ④ といえば

6 ① 같은 실패는 반복하지 않도록 주의하세요.
② 사람은 서로 도우면서 살아가야 합니다.
③ 아기가 잠들게 조용히 해 줘.
④ 복사를 끝내면 돌아가도 좋아.

> 답 ① 繰り返さない、注意し
> ② 助け、あい、生きて、いか
> ③ 眠れる、静かに ④ し、帰って

Part 03 여자 아이의 히나마쓰리(ひな祭り)

독해문 해석

'히나마쓰리'는 3월 3일에 오히나사마(히나 인형)를 장식하여 여자 아이가 행복하고 아름답게 성장하기를 기원하는 행사입니다. 기원이 된 것은 중국에서 전해진 죠시노셋쿠(上巳の節句)였습니다. 이 날은 중국에서 액일로 여겨졌던 날이라서 옛날에는 강변에서 목욕재계를 하거나 복숭아꽃을 띄운 술을 마시거나 복숭아 잎을 넣은 물로 목욕을 하며 병과 재난이 없게 해달라고 빌었습니다. 그래서 '모모노셋쿠(桃の節句)'라고도 부릅니다.
예로부터 중국에서는 복숭아꽃이 장수의 상징이자 마귀를 쫓는

힘이 있다는 전설이 있습니다. 그러나 '모모노셋쿠'는 음력 3월 3일이라서 현재 일본에서 '히나마쓰리'를 하는 양력 3월 3일에 피는 꽃은 매화뿐이며 복숭아꽃은 아직 피지 않습니다.
이윽고 '모모노셋쿠'에는 인간의 추악함이나 재난 등을 인형에 옮겨서 강물에 떠내려 보내며 부정한 것을 떨쳐내려는 행사를 하게 되었습니다. 이 '나가시히나(流しひな)'에서 '히나마쓰리'가 생겨났다고 합니다. '나가시히나'의 풍습은 지금도 계속 일본 각지에 남아 있습니다.
오히나사마는 '히나마쓰리'의 1~2주일 전에 장식합니다. 장식하기 전날에는 복숭아술이나 시모치 같은 것을 바칩니다. 그리고 가족이나 사이좋은 친구들을 불러서 맛있는 음식을 대접합니다. 예로부터 오히나사마를 장식한 채로 계속 놓아두면 혼기를 놓친다는 말이 있는데, 이것은 '정리정돈을 못하는 처녀는 좋은 아내가 될 수 없다'라는 의미일 것입니다.

읽고 답하기

해석과 답

1 히나마쓰리(ひな祭り)라는 것은 어떤 행사입니까?
히나 인형을 장식하여 여자 아이가 행복하고 아름답게 성장하기를 기원하는 행사입니다.
> 답 ひな人形を飾って、女の子の幸福と美しく成長することを願う行事です。

2 '죠시노셋쿠(上巳の節句)'는 중국에서는 어떤 날로 여겨졌습니까?
액일로 여겨졌습니다.
> 답 厄日と考えられています。

3 '죠시노셋쿠'는 왜 '모모노셋쿠'라고 불렸습니까?
복숭아꽃을 띄운 술을 마시거나 복숭아 잎을 넣은 물로 목욕을 하며 병과 재난이 없게 해달라고 빌었기 때문입니다.
> 답 桃の花を浮かべた酒を飲んだり、桃の葉を入れたお風呂に入って、無病息災を願ったからです。

4 '나가시히나'는 어떤 의미를 가진 행사입니까?
인간의 추악함이나 재난 등을 인형에 옮겨서 강물에 떠내려 보내며 부정한 것을 떨쳐내려는 행사입니다.
> 답 人のけがれや災いなどを人形に移して川に流し、不浄を払う行事です。

5 왜 오히나사마를 계속 장식한 채로 두면 안 됩니까?
예로부터 오히나사마를 장식한 채로 계속 놓아두면 혼기를 놓친다는 말이 있기 때문입니다.
> 답 昔から、おひなさまをいつまでも出しておくと、婚期が遅れると言われているからです。

01

ⓐ です（食べていません）

'벌써 점심은 먹었습니까?' / 아니요, 아직입니다(아직 안 먹었습니다)

ⓑ 入っています

이 씨는 아직도 목욕하고 있습니까? / 네, 아직 하고 있습니다.

02

ⓐ わかる

당신이 부모가 되면 부모님의 마음도 알 수 있게 될 겁니다.

ⓑ 泳げる（話せる／弾ける）

연습하면 더욱 잘하게 됩니다.

03

ⓐ 近く進学説明会が開かれる

선생님 말씀에 따르면 머지않아 진학 설명회가 열린다고 합니다.

ⓑ この湖には龍が住んでいた

전설에 따르면 이 호수에는 용이 살고 있었다고 합니다.

춘분날(春分の日) – 오히간(お彼岸)과 성묘(墓まいり)

3월 21일 무렵을 '춘분날'이라고 하며 국경일로 정해져 있습니다. 춘분날은 낮과 밤의 길이가 같은데 옛날 사람들은 이 날을 봄이 오는 것을 축하하는 날로 여겼습니다. 또한 이 날을 기준으로 전후 3일을 '오히간'이라고 하며 조상에게 감사의 마음을 전하기 위해 성묘를 하는 일본의 독자적인 불교 행사가 있습니다. 히간이란 방황하지 않는 깨달음의 세계를 말하는데 히간은 춘분날과 추분날의 전후 3일로 일 년에 두 번 있으며, 봄에는 3월 18일경, 가을에는 9월 20일경에 히간이 시작됩니다.

불단 이야기

일본인 집에는 대부분 불단이 있습니다. 아침과 밤에 향을 피우기도 하고 물이나 음식을 바치며 조상을 공양합니다.

❶ 히나마쓰리(3월 3일)

❷ 국제 부인의 날 (3월 8일)

1904년 3월 8일, 뉴욕의 여성 노동자들이 여성 참정권 운동을 일으킨 것을 기념하여 국제 부인의 날이 정해졌습니다. 일본에서는 제2차 세계대전에서 패한 후에 선거법 개혁이 이루어져서 여성의 선거권이 인정되었습니다. 1946년 4월 여성이 참가한 첫 중의원 선거에서는 39명의 여성 의원이 탄생했습니다.

❸ 졸업식 시즌

일본에서는 졸업식이 3월에 이루어지는 경우가 많아서 봄을 대변하는 말이 되었을 정도입니다. 고등학교는 상순, 대학과 단기대학은 하순에 많이 합니다.

❹ 춘분날(3월 21일경)

복숭아의 기원을 아십니까?

《서유기》에 손오공이 천상계·도원경의 불로불사의 복숭아를 먹는 이야기가 있습니다. 그 무렵의 복숭아는 '모모(毛毛)'라고 불리는 털이 잔뜩 난 딱딱한 과일이었다는 것을 아십니까?

중국에서 생겨난 복숭아는 실크로드를 통해 서역으로 전해졌는데 중국에서 서쪽으로 간 복숭아는 과육이 노랗게 되었습니다. 황도입니다. 고대에는 일본에도 복숭아가 전해졌지만 지금과 같은 복숭아가 나게 된 것은 메이지시대입니다. 중국에서 전해진 품종에서 자연교잡이 일어나 우연히 백도가 생겨난 것을 발견하고 그 후 품종 개량을 거듭해 왔습니다. 그래서 '백도(白桃)'는 일본 특유의 복숭아인 것입니다.

1 ① 행복 ② 성장 ③ 행사 ④ 전설 ⑤ 목욕 ⑥ 매화 ⑦ 딸
⑧ 의미를 이해하다 ⑨ 봄이 옴

> 답 　① 幸福 　② 成長 　③ 行事 　④ 言、伝
> 　　⑤ 風呂 　⑥ 梅 　⑦ 娘 　⑧ 意味 　⑨ 春、訪

2 ① 축제 ② 인형 ③ 강변 ④ 장수 ⑤ 재앙 ⑥ 떨쳐내다
⑦ 혼기 ⑧ 히간(춘분·추분을 중심으로 한 7일간) ⑨ 선조

> 답 　① まつ 　② にんぎょう 　③ かわら
> 　　④ ちょうじゅ 　⑤ わざわ 　⑥ はら
> 　　⑦ こんき 　⑧ ひがん 　⑨ せんぞ

3 ① 중국에서는 '모모노셋쿠'에 복숭아 나뭇잎을 넣은 물로 목욕을 하며 병과 재난이 없게 해달라고 빌었습니다.

② 일본에서 '히나마쓰리'를 하는 것은 양력 3월 3일이라서 복숭아꽃은 아직 피지 않습니다.

③ '나가시히나'의 풍습은 지금도 계속 일본 각지에 남아 있습니다.

④ 예로부터 오히나사마를 장식한 채로 계속 놓아두면 혼기를 놓친다는 말이 있습니다.

> 답
>
> ① で、に、の、を、に、を
> ② で、が、の、の、ので、の、は
> ③ の、も、に
> ④ から、を、まで、と、が、と

4 (이제 / 아직 / 곧 / 또)

① 배가 불러서 이제 더 이상은 못 먹겠습니다.

② 일본에 살면 곧 일본어로 말할 수 있게 된다.

③ 회장에는 아직 아무도 와 있지 않았습니다.

④ 오늘도 또 비다. 정말 싫다

> 답
>
> ① もう ② やがて ③ まだ ④ また

5 (것 / 것 / 때문에 / ~한 참)

① '국련(国連)'이라는 것은 국제연합의 준말입니다.

② 기다렸어요? / 아니요, 나도 지금 막 온 참이에요.

③ 나는 그런 것을 말하지는 않았습니다.

④ 사고 때문에 전철이 멈춰 섰습니다.

> 답
>
> ① の ② ところ ③ こと ④ ため

6 ① 그녀는 아직 집에 돌아가지 않은 것 같습니다.

② 연습해서 간신히 컴퓨터를 사용할 수 있게 되었다.

③ 평소에 연습해 두면 시험 전에 허둥대지 않아도 된다.

④ 친구에게서 들은 이야기에 따르면 교코 씨가 곧 결혼한다고 한다.

> 답
>
> ① 帰って、いない ② 練習して、使える
> ③ 復習して、おけ、前に、なって、慌て
> ④ 聞いた、近く、結婚する

Part 04 꽃보다 경단

 독해문 해석

　벚꽃 철이 되면 가족이나 친구, 회사 동료가 벚나무 아래에 모여서 도시락을 펼쳐 놓고 술을 마시고 노래를 부르는…… 이런 풍경이 일본 곳곳에서 펼쳐집니다. 이것이 일본의 전통 행사인 '꽃구경'입니다. 아마도 이런 풍습은 일본에서만 볼 수 있는 것이 아닐까요.

　꽃구경이 활발해진 것은 에도시대의 겐로쿠(元禄) 무렵부터라고 합니다. 꽃구경을 하는 데는 부자나 가난한 사람이나 다를 게 없습니다. 각각 무리를 지어 도시락을 가지고 나가서 먹고 마시고 떠들썩하게 놉니다. 평소 사농공상이라는 엄격한 신분제도 속에서 생활하던 서민들에게 꽃구경은 속박에서 벗어나 기분전환을 할 수 있는 절호의 기회였습니다. 그것은 지금도 변함이 없습니다. 꽃구경을 할 때는 상사나 부하를 가리지 않고 신나게 마시고 떠들썩하게 노는데, 때로는 벌거숭이가 되어 춤을 추는 사람이 나타나기도 하고 술기운 때문에 싸움이 시작되어 커다란 소동이 벌어질 때도 있습니다. '꽃구경'을 하면서 보는 것은 물론 벚꽃입니다. 밤에 꽃구경을 하는 것은 '요자쿠라켄부쓰(夜桜見物)'라고 합니다. 그러나 서민에게는 벚꽃보다도 먹고 마시며 떠들썩하게 노는 것이 더 즐겁습니다. 이것을 '꽃보다 경단'이라고 합니다.

　만약 당신이 일본인이 꽃구경을 즐기고 있는 광경을 본다면 당신의 일본인관이 변할지도 모릅니다.

 읽고 답하기

해석과 답

1 일본인은 꽃구경하러 가서 무엇을 합니까?

도시락을 펼쳐 놓고 술을 마시거나 노래를 부릅니다.

> 답 お弁当を広げて、お酒を飲んだり歌を歌ったりします。

2 일본에서 꽃구경이 활발해진 것은 언제부터입니까?

에도시대 겐로쿠 무렵부터입니다.

> 답 江戸時代の元禄のころからです。

3 서민에게 꽃구경은 어떤 것입니까?

속박에서 벗어나서 기분전환을 할 수 있는 절호의 기회였습니다.

> 답 羽を伸ばしてリフレッシュする絶好の機会でした。

4 부자도 가난한 사람도, 상사도 부하도 차별 없는 술자리를 뭐라고 합니까?

'부레코(無礼講)'라고 합니다.

> 답 無礼講と言います。

5 '꽃보다 경단'은 어떤 의미입니까?

벚꽃을 감상하기보다는 먹고 마시며 떠들썩하게 노는 것을 좋아한다는 의미입니다.

답 桜の花を見るよりも、飲み食い騒ぐ方が楽しいという意味です。

01

ⓐ 上がる

회사에서 실적도 좋아졌으니까 급료도 오르지 않을까요?

ⓑ 雨になる (雨が降る)

하늘이 어두워졌는데 혹시 비가 내리지 않을까?

02

ⓐ 健康であることです

우리들에게 가장 중요한 것은 건강입니다.

ⓑ 私 (彼／彼女)

그것은 나(그/ 그녀)로서는 처음 하는 경험이었다.

03

ⓐ 風邪を引いた

오한이 납니다. 아무래도 감기에 걸린 것 같습니다.

ⓑ 小さい、大きい

이 구두, 사이즈가 조금 작은 것 같으니까 큰 것으로 바꿔 주세요.

매화와 벚꽃 이야기

일본에 매화가 전해진 것은 나라시대로 견당사가 약용으로 가져온 것이 처음인 듯합니다. 그 시대에는 꽃이라면 매화를 가리켰습니다. 그 무렵 매화는 중국 문인들에게 무척 사랑받던 꽃이어서 중국 문화를 이상으로 삼았던 당시의 일본인에게는 매화야말로 꽃의 대명사였습니다. 그러나 헤이안시대에 들어와서 '가나(かな)'가 만들어지고 견당사가 폐지되면서 점차 국풍 문화라는 독자적인 문화가 형성되었습니다. 그에 따라서 매화보다도 옛날부터 일본의 산과 들판에서 자라던 벚꽃을 존중하게 되었고 이윽고 매화는 벚꽃과 교체되었습니다. 이처럼 벚꽃이 국화로 인식되게 된 것과 국풍 문화의 발전과 밀접한 관계가 있었던 것입니다.

❶ 만우절(4월 1일)

4월 1일은 만우절로 이 날은 거짓말을 해서 남을 놀라게 해도 용서받습니다.

❷ 하나마쓰리(花まつり, 4월 8일)

4월 8일은 부처님이 탄생하신 날입니다. 부처님은 지금으로부터 2,500년 전 히말라야 산 기슭에 있던 카필라국의 황태자로서 룸비니 화원에서 태어나셨습니다.

부처님이 탄생하실 때 주변에는 일제히 꽃이 피고 음악이 흐르며 달콤한 비가 내렸다고 합니다. 그래서 지금도 절에서는 하나미도(花御堂, 석가 탄일에 석가상을 모시는 곳)를 꽃으로 장식하고 손가락으로 천지를 가리키고 있는 모습의 불상을 안치합니다. 그리고 그 불상에 '감차'를 끼얹으며 축하하는 '하나마쓰리'를 합니다.

❸ 입학식 시즌

서양에서는 일반적으로 9월에 입학식을 하지만 일본에서 입학식은 벚꽃이 피는 계절인 봄의 항례 행사입니다. 학습지도 요령에서 '국기를 게양하는 동시에 국가를 제창하도록 지도한다'라고 정해 놓은 탓에 교육현장에서 여러 가지 문제가 발생하고 있습니다.

❹ 미도리노히(みどりの日, 4월 29일)

원래는 쇼와 천황의 '탄신일'이었으나 현재는 국경일인 '미도리노히'로 개명되어 '자연과 친해지고 동시에 그 은혜에 감사하며 풍요로운 마음을 기르는 날'로 되었습니다.

1 ① 계절 ② 회사 ③ 꽃구경 ④ 부자 ⑤ 생활 ⑥ 상사
⑦ 대단히 ⑧ 즐기다 ⑨ 가지고 오다

> 답 ① 季節 ② 会社 ③ 花見 ④ 金持 ⑤ 生活
> ⑥ 上司 ⑦ 大変 ⑧ 楽 ⑨ 持、帰

2 ① 한 패 ② 동료 ③ 곳곳 ④ 사농공상 ⑤ 신분 제도
⑥ 속박에서 벗어나다 ⑦ 알몸 ⑧ 기세 ⑨ 국풍 문화

> 답 ① なかま ② どうりょう ③ いた、ところ
> ④ しのうこうしょう ⑤ みぶんせいど
> ⑥ はね、の ⑦ はだか ⑧ いきお
> ⑨ こくふうぶんか

3 ① 벚꽃이 피는 계절이 되면 가족이나 친구가 벚나무 아래에 모여서 도시락을 펼친다.
② 꽃구경이 활발하게 된 것은 겐로쿠 무렵부터라고 합니다.
③ 매화는 나라시대에 견당사가 약용으로 가지고 왔습니다.
④ 중국문화를 이상으로 삼았던 당시의 일본인에게 매화야말로 꽃의 대명사였습니다.

> 답 ① が、に、と、や、の、の、に、を
> ② が、の、の、から、と
> ③ に、が、と
> ④ を、と、の、に、こそ、の

4 (각자 / 가끔 / 물론 / 점차)
① 사람은 각자 사고방식이 다르다.
② 나는 눈이 많이 오는 지방에서 자라서 스키는 물론 탈 수 있습니다.
③ 그는 가끔 우리 집에 놀러 옵니다.
④ 태풍이 다가와서 비바람이 점차 강해졌다.

> 답 ① それぞれ　② もちろん
> ③ ときに　④ しだいに

5 (에게 / ~에 대해서 / ~로서 / ~함에 따라)
① 일본인은 주식으로서 쌀을 먹습니다.
② 그 정보가 사실인가 아닌가에 대해서 조사하고 있습니다.
③ 나이를 먹음에 따라 기억력이 쇠퇴해진다.
④ 당신에게 가장 중요한 것은 무엇입니까?

> 답 ① として　② について
> ③ につれて　④ にとって

6 ① 그는 자기 이익밖에는 생각하려 들지 않는다.
② 그녀는 내 얼굴을 전혀 기억하고 있지 않은 것 같았다.
③ 저 기운 없는 얼굴을 보니 그는 오늘 시험을 별로 잘 못 본 거 아닐까요? 잘 보지 못한 것 아닐까요?
④ 가나 문자는 헤이안시대에 만들어졌다고 한다.

> 답 ① 考えよう、しない　② 覚えて、いない
> ③ 見て、できなかった　④ 作られた、言われて

Part 05 어린이 날과 황금연휴

독해문 해석

황금연휴란 4월 말부터 5월초에 걸쳐서 많은 경축일이 겹친 긴 연휴를 말합니다. 황금연휴에는 국경일인 '미도리노히(4/29)' '헌법 기념일(5/3)' '국민 휴일(5/4)' '어린이날(5/5)'가 포함됩니다. 이들 축일과 주말이 잘 연결되면 1주일쯤 긴 연휴가 생깁니다.

이 황금연휴를 보내는 방법은 사람에 따라 가지가지겠지만 아이가 있는 가정에서는 가족여행을 가는 경우가 많습니다. 이 기간에 일본의 행락지는 아이를 데리고 온 가족들로 넘칩니다. 조사에 따르면 2006년의 경우 해외여행자가 과거 최고인 56만 명, 국내 여행자가 2천만 명 이상이었으니까 일종의 민족 대이동입니다.

그런데 황금연휴 마지막 날에 해당하는 5월 5일은 '어린이날'입니다. 옛날에는 '단오절(端午の節句)'이라고 해서 남자 아이가 강하고 씩씩하게 자라도록 기원하는 날이었지만 1948년에 정해진 국경일법에 의해서 지금은 남녀의 구별 없이 아이의 건전한 발달을 기원하는 경축일이 되었습니다. 그러나 원래 '단오절'이었기 때문에 창포탕에서 목욕을 하거나 가시와모치를 먹습니다. 또 남자 아이가 있는 집에서는 '투구'나 '고이노보리' '무사 인형'을 장식하기도 합니다.

이 '고이노보리'는 중국 옛날 이야기에서, 급류였던 황하의 용문을 거슬러 올라 간 건 잉어뿐이었다는 이야기가 '고이노보리'의 기원이 된 것 같습니다. 여기에서 '등용문'이라는 말이 생겨 났습니다.

읽고 답하기

해석과 답

1 황금연휴란 무엇입니까?
4월 말부터 5월 초에 걸쳐서 많은 경축일이 겹친 긴 연휴입니다.
> 답 4月末から5月初めにかけて、多くの祝日が重なった大型連休のことです。

2 5월 5일은 '어린이날'인데 언제 정해졌습니까?
1948년입니다.
> 답 1948年です。

3 5월 5일은 옛날에는 뭐라고 불렀습니까? 그것은 어떤 날이었습니까?
'단오절'이라고 불리며 남자 아이가 강하고 씩씩하게 자라도록 축복하는 날이었습니다.
> 답 「端午の節句」と呼ばれ、男の子が強くたくましく育つことを祝う日でした。

4 '어린이날'에는 무엇을 장식하고 무엇을 먹습니까?
가시와모치를 먹기도 하고 남자 아이가 있는 집에서는 '투구'나 '고이노보리' '무사 인형'을 장식하기도 합니다.
답 柏餅を食べたり、男の子のいる家では「兜」や「こいのぼり」「五月人形」を飾ったりします。

5 '고이노보리'는 어떤 이야기가 기원이 되어 생겨났습니까?
중국의 옛날이야기인 '잉어의 폭포 오르기'가 기원이 되었습니다.
답 中国の昔話、「鯉の滝登り」の話が元になっています。

문형 연습
해석과 답

01

ⓐ 深夜、早朝
간밤에는 심야에서 이른 아침에 걸쳐 몇 번인가 강한 지진이 있었습니다.

ⓑ 5月、7月中旬
일본에서는 5월부터 7월 중순에 걸쳐서 장마철입니다.

02

ⓐ 暇な
시간에 따라서 바쁠 때도 있고 한가할 때도 있다.

ⓑ 国、文化や習慣
나라에 따라서 문화나 습관도 다르기 때문에 '다른 지방에 가서는 그 지방의 풍속에 따르라'고 하는 거야.

03

ⓐ 成績
학생의 성적에 따라서 반을 세 개로 나누기로 했습니다.

ⓑ 法律
미성년자의 음주는 법률에 의해 금지되어 있다.

보충 학습
해석과 답

'어머니날'과 카네이션 이야기
1907년에 미국의 안나 자비스는 돌아가신 어머니의 추도회에서 어머니가 좋아했던 카네이션을 참례자들에게 나누어 주었습니다. 이것이 미국 전 지역으로 퍼져서 1914년에는 미국 의회에서 5월의 둘째 일요일을 '어머니날'로 정했습니다.
일본에서는 교회의 운동 등도 있고 하여 1949년 무렵부터 '어머니날'이 연중행사로서 일반에게 정착되었습니다. 현재도 자식이 어머니에게 카네이션을 드리거나 평소의 감사한 마음을 표현하는 날로

서 이어지고 있습니다.
카네이션의 꽃말은 어머니의 애정, 고결한 사랑 등으로 모성애를 나타냅니다. 빨간 카네이션은 '살아계신 어머니의 애정', 흰 카네이션은 '돌아가신 어머니에게서 받은 애정'을 나타냅니다.

> **창포탕**
> 단오절은 액막이 행사를 하는 날로 중국에서는 재액을 물리치는 약초로서 창포를 사용했기 때문에 '창포절'이라고도 불렀습니다. 현재 일본에서는 목욕물에 넣어 창포탕으로 하는 것이 가장 흔히 볼 수 있는 풍습입니다.

음력 5월의 특별한 날
해석과 답

❶ 메이데이(5월 1일)
국제 노동절. 노동조합을 중심으로 집회나 데모 행진을 합니다.

❷ 헌법 기념일(5월 3일)
1947년 5월 3일, 일본국 헌법이 발포되었는데 그것을 기념해서 이 날을 국경일로 정했습니다. 그 후 50년에 걸쳐 이 헌법은 전혀 개정되지 않고 지속되었으며 천황 상징제·삼권 분립·민주주의·인권 존중·평화주의 등을 강조하고 있습니다.
헌법에 관해서 자주 논의되는 것이 제9조의 문제입니다.
(1) 제9조, 일본 국민은 정의와 질서를 기조로 하는 국제 평화를 성실하게 희구하며, 국권의 발동인 전쟁과 무력에 의한 위협 또는 무력행사는 국제 분쟁을 해결하는 수단으로서는 영구히 포기한다.
(2) 전항의 목적을 달성하기 위해 육해공군 및 기타의 전력은 보유하지 않는다. 국가의 교전권은 인정하지 않는다.
이 제9조를 개정할지 말지가 일본의 국정의 가장 큰 초점이어서 헌법 기념일에는 호헌파와 개헌파가 각각 집회를 열고 격렬하게 충돌하고 있습니다.

❸ 어린이날(5월 5일)

❹ 국민 휴일(5월 4일)
'국민 휴일'은 일을 너무 많이 하는 현대인에게 휴일을 늘려 주려는 뜻에서 정해졌습니다.

❺ 어머니날(5월 둘째 일요일)

연습 문제
해석과 답

1 ① 포함하다 ② 지내는 법 ③ 해외여행 ④ 남녀 ⑤ 기원하다
⑥ 옛날이야기 ⑦ 말 ⑧ 협회 ⑨ 애정

> 답
> ① 含 ② 過ご、方 ③ 海外 ④ 男女
> ⑤ 願 ⑥ 昔話 ⑦ 言葉 ⑧ 協会 ⑨ 愛情

2 ① 헌법 ② 대형 연휴 ③ 행락지 ④ 넘치다 ⑤ 민족 ⑥ 건전
⑦ 급류 ⑧ 추도회 ⑨ 돌아가신 어머니

> 답　① けんぽう　　② おおがたれんきゅう
> ③ こうらくち　④ あふ　⑤ みんぞく
> ⑥ けんぜん　　⑦ きゅうりゅう
> ⑧ ついとうかい　⑨ な、はは

3 ① 황금연휴란 4월 말에서 5월 초에 걸쳐 경축일이 겹친 긴 연휴를 말합니다.
② 경축일과 주말이 잘 연결되면 1주일쯤 긴 연휴가 생깁니다.
③ 아이가 있는 가정에서는 가족여행을 가는 경우가 많은 것 같습니다.
④ 1949년 무렵부터 '어머니날'이 연중행사로서 일반에게 정착했습니다.

> 답　① と、から、に、が、の、を
> ② と、が、と、ほど、が
> ③ が、で、に、が　　④ ごろ、が、と

4 (연결되다 / 넘치다 / 탄생하다 / 자라다)
① 백 미터 달리기에서 세계 신기록이 탄생했다.
② 섬과 섬이 다리로 연결되어 있다.
③ 나도 모르게 눈물이 넘쳐 나왔다.
④ 그는 어렸을 때 미국에서 자라서 영어를 잘한다.

> 답　① うまれた　　② つながって
> ③ あふれて　　④ そだった

5 (~에 걸쳐서 / ~에 따라서는 / ~에 따르면 / ~에 대해서)
① 내일은 곳에 따라서는 비가 내릴 겁니다.
② 어젯밤부터 오늘 아침에 걸쳐서 눈이 내렸습니다.
③ 그녀는 누구에 대해서나 친절하다.
④ 신문에 따르면 머지않아 소비세가 오를 모양이다.

> 답　① によって　　② にかけて
> ③ に対して　　④ によると

6 ① 그 소녀는 커가면서 아름다운 아가씨로 성장했다.
② 지금 공부해 두지 않으면 나중에 후회해.
③ 약한 자를 괴롭히거나 하고 당신은 인간으로서 부끄럽지 않습니까?
④ 가진 돈을 전부 써버려서 저녁밥 먹을 돈도 없다.

> 답　① 大きく、なる、成長した
> ② 勉強して、おかない
> ③ いじめた、恥ずかしくない　④ 使い、ない

독해문 해석

6월 26일은 노천 욕탕의 날입니다. 큰 온천지에 가면 거의 노천 욕탕이 있는데 넓은 야외에서 목욕을 하는 것은 개방적인 느낌이라 기분 전환이 되어 좋습니다. 혼욕을 하는 곳도 각지에 남아 있는데 혼욕 노천 욕탕에서는 여자 손님이 오히려 씩씩하고 남자 손님은 부끄러운 듯이 아래를 내려다보고 있는 경우가 많습니다.

일본에서는 '이리고미유(入り込み湯)'라고 하여 예로부터 혼욕을 하는 풍습이 있었습니다. 나라시대의 '풍토기'에도 펑펑 솟아오르는 온천에서 남녀노소 구별 없이 모두 즐거워하며 목욕했다고 기록되어 있습니다.

에도시대 중기에는 여러 번 혼욕 금지령이 내려졌고 이윽고 남녀 별도의 목욕탕이 생겨났지만, 지방의 온천지에서는 남녀가 함께 온천에 들어가 서로 등을 밀어주는 것은 당연한 일이었습니다. 지금도 혼욕 노천 욕탕은 많이 있는데 입구는 남녀 따로 되어 있어도 안에 들어가면 혼욕 욕탕인 곳도 많으므로 혼욕을 싫어하는 사람은 사전에 잘 조사해 둡시다.

그런데 외국인 여러분이 주의해 줬으면 하는 것이 있습니다. 일본에서는 목욕이라고 하면 따뜻한 물로 하는 것을 말하며 여유 있게 몸을 담그는 것이 습관입니다. 외국인이 홈스테이 할 경우 목욕을 마친 후에 물을 빼 버리는 일이 종종 있다고 합니다. 그러나 일본에서는 욕조에 들어가기 전에 몸을 씻습니다. 따뜻한 목욕물에는 몸을 담글 뿐이고 욕조 안에서는 몸을 씻지 않기 때문에 물은 더러워지지 않습니다. 이것은 일본에서 입욕할 때의 매너이므로 기억해 두세요. '다른 지방에 가서는 그 지방의 풍속에 따라야 하는 것'입니다.

읽고 답하기

해석과 답

1 노천 욕탕이란 어떤 욕탕을 말합니까?
노천 욕탕이란 야외에 있는 욕탕을 말합니다.
> 답　露天風呂というのは屋外にあるお風呂のことです。

2 노천 욕탕은 어떤 점이 좋습니까?
개방적인 느낌이라 기분 전환이 되어 좋습니다.
> 답　開放的で気分が変わっていいです。

3 혼욕 풍습은 옛날에는 뭐라고 불렸습니까?
'이리고미유(入り込み湯)'라고 불렸습니다.
> 답　「入り込み湯」と呼ばれていました。

4 에도시대가 되어 혼욕 풍습은 없어졌습니까?
아니요, 없어지지 않았습니다.
> 답　いいえ、なくなりませんでした。

5 일본의 목욕물에 들어갈 때 주의해야 할 점은 무엇입니까?
욕조 안에서 몸을 씻거나 목욕을 마친 후에 물을 빼서는 안 됩니다.

답 お風呂の中で体を洗ったり、お風呂が終わった後にお湯を抜いたりしてはいけません。

문형 연습 · 해석과 답

01

ⓐ おいし
맛있을 것 같은 케이크를 사 가자.

ⓑ 簡単（易し）
간단해(쉬워) 보이지만 실제로 하는 것은 어려워.

02

ⓐ かけて
현관문에 '맹견 주의'라는 표찰이 걸려 있었다.

ⓑ 準備して（作って）
벌써 저녁밥 준비가 끝났습니까? / 네, 벌써 준비되어(만들어져) 있습니다.

03

ⓐ しまって
따로 놓아두었던 과자를 남동생이 먹어 버렸다.

ⓑ ビール、冷やして
맥주를 냉장고에 넣어서 차갑게 해 둡시다.

부충 하습 · 해석과 답

고로모가에(衣替え)와 뉴바이(入梅)

고로모가에는 계절에 따라 의복을 바꿔 입는 것을 말합니다. 계절의 변화가 분명한 일본 특유의 습관입니다. 현재는 기후에 맞춰서 어떤 옷을 입든 자유라는 풍조지만 일본 전통 옷의 경우는 지금도 이 습관이 엄격하게 지켜지고 있어서 6월 1일부터는 '히토에(単)'(여름용), 10월 1일부터는 '아와세(袷)'(겨울용)로 정해져 있습니다.

장마철에 접어드는 것을 '뉴바이'라고 하는데 이후 약 한 달쯤 비가 계속 내리는 우울한 기간이 됩니다. '쓰유(梅雨, 장마)'라는 말은 마침 매실이 익을 무렵에 비가 내려서 붙여졌다고 합니다.

고로모가에

에도시대의 무가 사회에서는 일 년에 4번이나 고로모가에를 했다고 합니다. 고로모가에를 6월 1일과 10월 1일에 하게 된 것은 메이지시대 이후로 학교나 관공서, 은행 등 제복을 착용하는 곳에서는 지금도 거의 이 날에 하고 있습니다.

음력 6월의 특별한 날 · 해석과 답

❶ 환경의 날(6월 5일)

6월 5일은 '환경의 날'입니다. 1972년 6월 5일, 제1회 지구 서미트 '국제연합 인간 환경 회의'가 열린 것을 기념하여 '세계 환경의 날'이 제정되었습니다. 일본에서도 이듬해부터 이 날을 '환경의 날'로 정하고 각지의 환경보호 단체가 이 날을 중심으로 클린 업(대청소) 작전 등 여러 운동을 전개하고 있습니다.

❷ 해외 이주의 날(6월 18일)

1908년(메이지 41년) 6월 18일, 일본으로부터 첫 집단 이주자 781명을 태운 카사도마루(笠戸丸)가 브라질 산토스 항에 도착했습니다. 이후 중남미나 북미로 가는 이민이 잇따랐는데 이주자들은 혹독하고 힘든 생활을 하면서 이들 나라에서 일본계 사회를 구축했습니다. 페루의 후지모리 전 대통령의 일은 유명합니다.

❸ 아버지날(6월 셋째 일요일)

늘 열심히 일하는 아버지에게 감사하는 날로서 6월 셋째 일요일이 '아버지날'로 제정되었습니다. 미국의 가정에서는 백장미를 선물하지만 일본에서는 '사랑하는 사람의 무사를 기원하는' 마음을 담아서 아버지날에 '노란색 리본'을 선물하는 경우도 있습니다.

❹ 노천 욕탕의 날(6월 26일)

연습 문제 · 해석과 답

1 ① 온천 ② 건강 ③ 지방 ④ 사전 ⑤ 목욕물을 빼다 ⑥ 몸
⑦ 변화 ⑧ 기후 ⑨ 자유

답 ① 温泉　② 元気　③ 地方　④ 事前
⑤ 湯、抜　⑥ 体　⑦ 変化　⑧ 気候　⑨ 自由

2 ① 옥외 ② 기분 ③ 솟아나오다 ④ 남녀노소 ⑤ 공중목욕탕
⑥ 습관 ⑦ 더러워지다 ⑧ 장마 ⑨ 풍조

답 ① おくがい　② きぶん　③ わ、で
④ ろうにゃくなんにょ　⑤ せんとう
⑥ しゅうかん　⑦ よご　⑧ つゆ
⑨ ふうちょう

3 ① 넓은 야외에서 목욕을 하는 것은 개방적인 느낌이라 기분 전
　 환이 되어 좋습니다.
　 ② 일본에서는 '이리고미유(入込み湯)'라고 하여 예로부터 혼
　 욕을 하는 풍습이 있었습니다.
　 ③ 외국인 여러분이 주의해 줬으면 하는 것이 있습니다.
　 ④ 일본에서는 따뜻한 목욕물에는 몸을 담글 뿐이고 욕조 안에
　 서는 몸을 씻지 않습니다.

> 답 ① で、に、の、が
> 　　② で、と、から、の、が
> 　　③ の、に、を、が
> 　　④ で、に、だけ、の、で、を／は

4 (거의 / 여러 번 / 충분히 / 분명히)
　 ① 하고 싶은 말이 있으면 분명히 말하세요.
　 ② 오늘 하룻밤 충분히 생각하고 대답하겠습니다.
　 ③ 이 일을 오늘 안에 끝내는 것은 거의 불가능합니다.
　 ④ 여러 번 전화해서 죄송합니다.

> 답 ① はっきり　　② ゆっくり
> 　　③ ほとんど　　④ たびたび

5 (~하면 / 때 / 전 / 후)
　 ① 도쿄에 오기 전에 오사카에 살았습니다.
　 ② 길을 건널 때 자동차를 조심하세요.
　 ③ 이 길을 곧장 가면 역이 있습니다.
　 ④ 이 논문을 읽은 후에 감상을 들려주세요.

> 답 ① まえ　② とき　③ と　④ あと

6 ① 그 가방은 주머니가 많이 있어서 편리할 것 같군요.
　 ② 맥주는 냉장고에 넣어서 차갑게 해 두었다.
　 ③ 나중에 읽어 둘 테니까 거기에 원고를 놓아두세요.
　 ④ 남편께서 돌아오시면 야마다한테서 전화가 왔다고 전해
　 주세요.

> 답 ① あって、便利
> 　　② 入れて、冷やして
> 　　③ 読んで、置いて、おいて
> 　　④ 帰り、あった、伝え

독해문 해석

　칠석이라고 하면 견우와 직녀가 일 년에 딱 한 번 은하수를 건너서 만난다는 슬프고도 낭만이 넘치는 사랑 이야기가 생각납니다.

　이 전설이 중국에서 일본으로 전해진 것은 나라시대라고 합니다. 이 견우성, 직녀성의 전설과 일본에서 전혀 내려오는 다나바타나쓰메(棚機津女)의 신앙이 합쳐져서, 별에게 기예의 향상과 쌀의 풍작을 비는 궁중행사가 생겨났습니다. 그래서 7월 7일을 '다나바타(칠석)'라고 부르는 것입니다.

　에도시대가 되자 칠석 행사는 민간인들에게도 퍼졌습니다. 조릿대에 소원을 적은 단자쿠를 매다는 양식도 이 무렵에 정착한 듯합니다. 단자쿠를 매다는 것은 6일 밤이며 7일에는 칠석 장식을 바다나 강에 떠내려 보냅니다. 그러나 현재는 환경오염 문제 때문에 강이나 바다에 떠내려 보낼 수 없게 되어 신사에서 태우는 것이 일반적입니다. 전국 각지에서 칠석제를 벌이고 있는데 그 중에서도 센다이와 히라쓰카의 칠석제가 유명합니다. 거리는 일본 종이와 대나무로 만들어진 호화로운 칠석 장식으로 가득 찹니다.

　그런데 원래 일본에서는 음력으로 칠석을 기념했는데 메이지시대에 태양력으로 이행하고부터는 점차 양력으로 하게 되었습니다. 그런데 양력 7월 7일은 장마가 한창인 때입니다. 만약 그날 밤에 비가 내려서 강을 건널 수 없으면 견우와 직녀는 그 해에는 이제 만날 수가 없습니다. 그러니까 칠석날 밤에는 비가 내리지 않도록 기도합시다.

읽고 답하기

해석과 답

1 칠석과 관계가 깊은 이야기는 무엇입니까?
　 견우와 직녀의 이야기입니다.
> 답 牽牛と織姫の話です。

2 왜 7월 7일을 '다나바타'라고 부르게 되었습니까?
　 견우성, 직녀성의 전설과 일본 고래의 '다나바타나쓰메' 신앙이
　 합쳐졌기 때문입니다.
> 답 牽牛星と織姫星の伝説と、日本古来の棚機津女〔た
> 　 なばたなつめ〕の信仰が混ざり合ったからです。

3 조릿대에 매다는 단자쿠에는 무엇을 적습니까?
　 소원을 적습니다.
> 답 願い事を書きます。

4 왜 최근에는 칠석 장식을 바다나 강에 떠내려 보낼 수 없게 되었습니까?

칠석 장식을 떠내려 보내면 강이며 바다가 더러워지기 때문입니다.

답 七夕飾りを流すと、川や海が汚れるからです。

5 지금의 일본에서는 왜 칠석이 장마 때 행해지고 있습니까?

메이지시대에 태양력으로 이행하여, 양력 7월 7일에 칠석이 행해지게 되었기 때문입니다.

답 明治に太陽暦に移行し、新暦の7月7日に七夕が行われるようになったからです。

문형 연습

해석과 답

01

ⓐ 木村先生

기무라 선생님이라면 벌써 몇 년이나 만나지 못했어.

ⓑ 運動会

어렸을 때의 일이라면 운동회가 떠오릅니다.

02

ⓐ 駅、送って

손 씨는 나를 역까지 자동차로 바래다주었습니다.

ⓑ 安くして

비싸네요, 조금 더 싸게 해 주세요.

03

ⓐ 事故の

폐를 끼쳐서 죄송합니다. 지금 사고 때문에 전철이 늦어지고 있습니다.

ⓑ 遅刻した

지각해서 시험을 볼 수 없었습니다.

보충 학습

해석과 답

오추겐(お中元, 중원)의 기원

오추겐은 7월 초부터 15일쯤까지 평소 신세를 진 친척이나 상사에게 선물을 보내는 일본의 습관인데, 원래는 날짜를 나타내는 말로 그 기원은 중국입니다. 오추겐의 추겐(中元)은 음력 7월 15일로 도교의 습관인 '상겐(三元, 조겐·주겐·가겐)'의 하나입니다. 도교에서는 이 날을 속죄의 날로 정해서 신에게 음식을 바치고 제사를 지내며 사람들을 대접하는 습관이 있었습니다. 이것이 일본에 전해져서 오봉(お盆)과 밀접한 관계를 갖게 된 것이 오추겐으로, 오봉에 일족이 조상의 혼령께 바칠 물건을 가지고 모인 것이 시초가 되었다고 합니다.

칠석 때의 밤하늘

음력 7월의 특별한 날

해석과 답

❶ 칠석(7월 7일)

❷ 도요노 우나기(土用の鰻)

도요란 입춘·입하·입추·입동 전의 18일간을 말하는데 지금은 입추 전만 도요라고 부릅니다. 정확하게 대서(大暑) 조금 전에서 끝날 때까지의 '쇼추(暑中)'에 해당됩니다. 도요의 시작은 대체로 7월 20일경입니다. 일본에서는 도요노우시(土用の丑)의 날에는 '우'로 시작되는 음식을 먹는 습관이 있습니다. 우동·우메보시(매실장아찌)·우리(참외)·우나기(장어) 등 다양한데 여름의 피로를 덜고 여름을 타는 것을 막기 위한 것이 목적입니다. 특히 '도요노우나기'라고 하여 우나기를 먹는 것이 일종의 여름 행사가 되어 있습니다.

❸ 바다의 날(7월 셋째 월요일)

7월의 셋째 월요일은 '바다의 날'입니다. 원래는 '바다의 기념일'이었는데 1996년에 '모두 함께 바다를 생각하고 바다와 친해지며 바다를 소중히 여기자'라는 취지에 입각해서 국민 축일 '바다의 날'이 되었습니다.

일본은 사방이 바다로 둘러싸인 해양국가로 바다와 매우 관계가 깊습니다. 예로부터 문화는 바다를 건너 중국과 조선에서 들어왔고 지금도 일본과 외국 간에 행해지는 무역의 99.8퍼센트가 해상 수송에 의지하고 있습니다. 또한 바다는 생선이며 조개, 다시마 등 풍부한 수산물을 제공해 줍니다. 그런데 평소에 일본인은 이런 바다의 은혜를 잊고 있는 것 같습니다. 그래서 이 '바다의 날'이 제정되었습니다.

해석과 답

1 ① 건너다 ② 슬프다 ③ 별 ④ 환경 ⑤ 신사 ⑥ 일반적
⑦ 바다에 떠내려 보내다 ⑧ 대나무 ⑨ 물품

> 답 ① 渡 ② 悲 ③ 星 ④ 環境 ⑤ 神社
> ⑥ 一般的 ⑦ 海、流 ⑧ 竹 ⑨ 品物

2 ① 칠석 ② 이야기 ③ 전설 ④ 정착 ⑤ 오염 ⑥ 행하다
⑦ 호화 ⑧ 한창 ~인 때 ⑨ 신세

> 답 ① たなばた ② ものがたり
> ③ でんせつ ④ ていちゃく
> ⑤ おせん ⑥ おこな
> ⑦ ごうか ⑧ まっさいちゅう
> ⑨ せわ

3 ① 칠석이라고 하면 견우와 직녀가 일 년에 한 번 은하수를 건너서 만난다는 사랑 이야기가 생각난다.
② 에도시대가 되자 칠석 행사는 민간에도 퍼졌다.
③ 오추겐이라고 하면 7월 초부터 15일쯤까지 평소 신세를 지고 있는 사람에게 선물을 보내는 일본의 습관입니다.
④ 도교에서는 이 날을 속죄의 날로 정해서 신에게 음식을 바치고 제사를 지내며 사람들을 대접하는 습관이 있었습니다.

> 답 ① と、と、に、だけ、を、が、と、を
> ② に、と、の、に
> ③ と、から、に、に、に、を
> ④ で、を、の、と、に、を、を、が

4 (생각해내다 / 퍼지다 / 대접하다 / 주다)
① 레몬의 신맛이 입 안 가득 퍼졌다.
② 숙제가 있다는 것을 갑자기 생각해 냈다.
③ 맛있는 음식을 만들어서 손님을 대접하다 / 대접했다.
④ 어머니날에 선물을 드렸다.

> 답 ① ひろがった ② おもいだした
> ③ もてなす／もてなした ④ おくった

5 (자 / 그런데 / 만약 / 그러니까)
① 복권을 주웠다. 그런데 그것은 1억 엔에 당첨된 복권이었다.
② 그것 봐, 그러니까 그만두라고 했잖아.
③ 만약 내가 할 수 있는 일이 있으면 뭐든 말하세요.
④ 자, 이제부터 어떻게 하면 좋을까.

> 답 ① ところが ② だから ③ もし ④ さて

6 ① 포근한 겨울이군요. / 네, 포근한 겨울로 말할 것 같으면 북경에서는 아직 음력 설 전인데도 기온이 18도를 넘었다고 합니다.
② 무슨 일이든 사과만 하면 용서받을 수 있다고 생각하지 않는 게 좋을걸.
③ 너무 웃어서 배가 아팠다.
④ 아무도 모르게 이 편지를 그녀에게 전해주세요.

> 답 ① 暖冬、前な、越えた
> ② 謝れ、許して、考えない
> ③ 笑い、痛く ④ 知られない、渡して

Part 08 여름 풍물시, 봉오도리와 하나비(花火)대회

독해문 해석

오봉(お盆)은 음력 7월 15일을 중심으로 벌이는 조상 공양 의식으로 조상의 영혼이 저승에서 이승으로 돌아온다는 일본 고래의 신앙과 불교가 연관되어 생긴 행사입니다. 메이지시대 이후에 대부분의 행사가 양력(태양력)으로 이행되었지만 오봉 행사만은 지금도 8월의 같은 기간에 하는 지방이 많습니다. 대체로 8월 13일 '무카에봉(迎え盆)에서 16일 '오쿠리봉(送り盆)까지 4일간을 오봉으로 하고 있습니다.

오봉 동안에 사람들은 성묘를 하고 묘를 청소합니다. 자기 집의 불단도 깨끗하게 청소하고 꽃이나 제철 야채를 바칩니다. 그리고 봉이 끝날 때는 오쿠리비(送り火)를 하여 조상님을 저승으로 보내는 도로나가시(灯籠流し)라는 행사가 있습니다. 교토의 유명한 '다이몬지야키'(정식명:고잔노 오쿠리비)는 이것이 대규모화된 것입니다. 일본인에게는 조상을 공양하기 위한, 일 년 중 가장 중요한 날이라고 할 수 있을 것입니다.

그리고 오봉 기간에 절의 경내나 마을 광장 등에서는 봉오도리가 펼쳐집니다. 마을이나 동네의 항례 행사가 되어 있어서 일본인이라면 누구나 마음속에 남아 있는 여름 축제나 봉오도리의 추억이 있을 것입니다. 지금은 봉오도리라고 하면 사람들이 망루를 에워싸고 북을 치고 유카타를 입고 춤추며 즐기는 놀이의 이미지밖에 없지만 원래는 오봉을 맞아서 돌아온 영혼을 위로해서 돌려보내기 위한 의식이었습니다. 이 오봉, 봉오도리와 밀접한 관계가 있는 것이 여름의 풍물시 하나비 대회일 것입니다.

해석과 답

1 오봉은 어떤 행사입니까?
음력 7월 15일을 중심으로 하는 조상 공양 의식을 말합니다.
답 旧暦の7月15日を中心に行われる先祖供養の儀式のことです。

2 '저승'이라는 것은 어떤 의미입니까?
사후의 세계라는 의미입니다.
답 死後の世界という意味です。

3 도로나가시(灯籠流し)는 무엇을 위해서 하는 행사입니까?
오쿠리비를 하여 조상님을 저승으로 보내는 행사입니다.
답 送り火をしてご先祖さまをあの世へ送り出す行事のことです。

4 봉오도리는 원래 어떤 의미를 가지고 있었습니까?
오봉을 맞아 돌아온 영혼을 위로해서 돌려보내기 위한 것이었습니다.
답 お盆に戻った霊を慰めて、送り出すためのものでした。

5 오봉은 일본인에게 어떤 날입니까?
일본인에게는 조상을 공양하기 위한 일 년 중 가장 중요한 날입니다.
답 日本人にとって、先祖供養のための、一年で一番大切な日です。

문형 연습

해석과 답

01
ⓐ 国際交流
이 모임은 국제 교류를 목적으로 하여 만들어진 봉사 단체입니다.

ⓑ 殺人犯
경찰은 그 남자를 살인범으로 보고 전국에 지명 수배했다.

02
ⓐ 新入生を迎える
신입생을 맞이하기 위해 모두 함께 환영회를 열었다.

ⓑ 生きる、食べる
사람은 먹기 위해서 사는 것이 아니라 살기 위해서 먹습니다.

03
ⓐ こちら
남편이 여러 모로 신세를 지고 있습니다. / 아녜요, 저야말로 그렇지요.

ⓑ 来年
올해는 안 됐지만 내년에야말로 합격하고 말 거야.

보충 학습

해석과 답

쇼추미마이(暑中見舞い, 복중 문안)
쇼추(暑中)는 '대서'에 해당하는 기간으로 7월 20일경부터 8월 8일경의 입추 전날까지를 가리킵니다. 그래서 쇼추미마이는 이 기간 중에 상대방에게 도착하도록 보냅니다. 이 기간이 지났을 경우는 잔쇼미마이(残暑見舞い)로 보냅니다.
아울러 쇼추미마이나 잔쇼미마이를 받았을 때는 연하장의 경우처럼 반드시 감사의 편지를 보냅니다.

전국 고교야구대회
또 하나의 여름 풍물시는 전국 고교야구대회로 매년 고시엔(甲子園) 구장에서 열전이 펼쳐진다.

음력 8월의 특별한 날

해석과 답

❶ 원자폭탄 투하에서 패전(8월 15일)으로
8월 6일 히로시마에 원자폭탄 투하
8월 9일 나가사키에 원자폭탄 투하
8월 15일 포츠담 선언 수락·일본 무조건 항복(=종전 기념일)
8월 30일 연합국 최고 사령관 맥아더 원수, 아쓰기 비행장에 내려서다.

'원자폭탄 투하 ~ 종전 기념일'
미군은 1945년 8월 6일 히로시마에, 8월 9일 나가사키에 원자폭탄을 투하했습니다. 히로시마에서는 30만 명, 나가사키에서는 8만 명의 시민이 순식간에 목숨을 빼앗겼습니다. 군부는 여전히 '본토 결전'을 외쳤지만 천황의 결단으로 '포츠담 선언'의 수락이 결정되었습니다.
1945년 8월 15일 NHK 라디오는 천황의 육성으로 전 국민에게 일본이 전쟁에서 패했음을 전했습니다. 일본에서는 이 날을 태평양 전쟁 종결의 날로서 종전 기념일로 삼고 있습니다. 한편 이 날은 한국이나 대만 사람들에게는 일본의 식민지 지배에서 해방된 기념할 날로 한국에서는 '광복절'로 국경일이 되었습니다.

② 여름방학 끝(8월 31일)

초등학교에서는 여름방학이 7월 20일에서 8월 31일까지인 곳이 대부분이지만 유난히 더운 지역에서는 조금 길게 하는 대신에 겨울방학이 짧아집니다. 반대로 유난히 추운 지역에서는 여름방학이 줄고 겨울방학이 길어지기도 합니다. 그러나 대부분의 초등학교에서는 이 날로 즐거운 여름방학이 끝납니다.

연습 문제

해석과 답

1 ① 중심 ② 불교 ③ 청소 ④ 유명 ⑤ 중요 ⑥ 절 ⑦ 광장 ⑧ 내보내다 ⑨ 불꽃놀이

> **답** ① 中心 ② 仏教 ③ 掃除 ④ 有名 ⑤ 大切
> ⑥ 寺 ⑦ 広場 ⑧ 送、出 ⑨ 花火

2 ① 조상 공양 ② 신앙 ③ 묘 ④ 경내 ⑤ 향례
⑥ 음력 7월 15일 밤에 남녀가 모여서 추는 윤무 ⑦ 위로하다
⑧ 복중 문안 ⑨ 연하장

> **답** ① せんぞくよう ② しんこう ③ はか
> ④ けいだい ⑤ こうれい ⑥ ぼんおど
> ⑦ なぐさ ⑧ しょちゅうみま ⑨ ねんがじょう

3 ① 메이지시대 이후에 대부분의 행사가 양력으로 이행되었습니다.
② 오봉에는 조상의 영혼이 저승에서 이승으로 돌아온다는 일본 고래의 신앙이 있다.
③ 일본인이라면 누구나 마음속에 남아 있는 여름 축제나 봉오도리의 추억이 있을 것입니다
④ 지금은 봉오도리라고 하면 사람들이 유카타를 입고 춤추며 즐기는 놀이의 이미지밖에 없습니다.

> **답** ① に、の、が、に
> ② に、の、が、から、に、と、の、が
> ③ なら、でも、に、や、の、が
> ④ で、と、と、が、を、の、しか

4 (부끄럽다 / 슬프다 / 예쁜 / 즐겁다)
① 인생, 즐겁게 살지 않으면 손해야.
② 소녀는 부끄러운 듯이 얼굴을 붉히며 고개를 숙였다.
③ 그녀의 일본어 발음은 매우 예쁩니다.
④ 말하기 어려운 일인데 슬픈 소식이 있습니다.

> **답** ① たのしく ② はずかし
> ③ きれい ④ かなしい

5 (~를 중심으로 / ~에 따라 / ~라고 하면 꼭 / ~야 말로)
① 최근에는 휴일이면 꼭 비가 내린다.
② 어느 나라나 모두 자기 나라를 중심으로 세계지도를 그린다.
③ 우리 회사는 사원의 업적에 따라 급료를 지불합니다.
④ 이렇게 곤란한 때야말로 전원이 힘을 합쳐야만 한다.

> **답** ① というと ② を中心に
> ③ に応じて ④ こそ

6 ① 이번 등산은 안전을 제일로 하고 절대로 무리하지 않도록 하세요.
② 아버지는 딸을 의대에 보내기 위해 학원에 다니게 했다.
③ 더위 때문인지 어제 식욕이 없다. / 없습니다.
④ 김 씨, 자리가 비어 있어요. 앉으세요. / 당신이야말로 피곤하잖아요. 앉으세요.

> **답** ① 第一、しない、し
> ② 行かせる、通わせた
> ③ 暑さ、ない／ありません
> ④ 空いて、座り、疲れ

Part 09 　간토 대지진과 방재의 날

독해문 해석

9월 1일은 '방재의 날'입니다. 1923년 이 날에 일어난 간토 대지진(사망자·행방불명자 14만 명 이상, 에도시대 이후의 목조 건축은 이때 화재로 소실되었습니다)의 교훈을 잊지 않으려는 의미를 담아서 1960년에 제정되었습니다.

또 하나의 유래는 '니햐쿠토카(二百十日)'라는 액일입니다. 입춘으로부터 210일째, 양력으로 9월 1일경이 태풍이 가장 자주 내습하는 액일입니다. 그래서 9월 1일 방재의 날에는 일본 전국에서 대지진이나 재해 발생을 가정하여 방재 훈련이 이루어지고 있습니다.

일본에서는 예로부터 무서운 것을 말할 때 '지진·벼락·화재·아버지'의 순서로 열거했습니다. 최근에는 '아버지'는 무섭지 않게 되었지만 지진은 역시 일본인이 가장 무서워하는 대상일 것입니다. 1995년 1월 17일에도 한신아와지(阪神淡路) 대지진이 일어나서 사망자 6,434명, 행방불명자 3명, 가옥 붕괴 등 10조엔 규모의 피해를 냈습니다.

그 때문에 일본 가정에서는 만약의 사태에 대비해서 피난 장소를 서로 확인하며 각자의 비상 주머니가 준비되어 있습니다. 그 내용물은 한 사람이 가지고 나올 수 있는 최소한의 것, 예를 들어 생수, 인스턴트식품, 통조림, 의약품 등입니다. 여러분 '유비무환'입니다.

1 왜 9월 1일이 '방재의 날'로 정해졌습니까?
1923년 9월 1일에 일어난 간토 대지진을 잊지 않기 위함입니다.
> 답 **1923年の9月1日に起きた関東大震災を忘れないためです。**

2 방재의 날에는 어떤 것을 합니까?
대지진이나 재해 발생을 가정한 방재 훈련을 합니다.
> 답 **大地震や災害の発生を想定した防災訓練が行われます。**

3 '니햐쿠토카'란 어떤 날입니까?
태풍이 가장 자주 내습하는 액일입니다.
> 답 **台風が一番よく来襲する厄日です。**

4 일본 가정에서는 지진에 대비해서 어떤 준비를 하고 있습니까?
피난 장소를 서로 확인하고 각자의 비상 주머니가 준비되어 있습니다.
> 답 **避難場所を確認しあい、各人用の非常持ち出し袋を用意しています。**

5 비상주머니에는 어떤 것이 들어 있습니까?
생수, 인스턴트식품, 통조림, 의약품 등입니다.
> 답 **ミネラルウォーター、インスタント食品、缶詰、医薬品などです。**

01

ⓐ **タバコを吸わなくなった**
아버지는 병으로 입원한 이후 담배를 피우지 않게 되었다.

ⓑ **彼とは会っていません**
지난 달 이래 그와는 만나지 않았습니다.

02

ⓐ **愛情（心）**
어머니는 늘 애정(마음)을 담아서 우리 도시락을 만들어 주셨다.

ⓑ **神社にお参りをした**
무사히 자라기를 바라는 소원을 담아서 어머니는 신사에 참배했다.

03

ⓐ **おいしくなくなった**
옛날에는 무척 맛있었는데 최근에는 별로 맛이 없어졌다.

ⓑ **飲めなくなった**
젊었을 때는 꽤 마셨지만 나이를 먹어서 술을 별로 못 마시게 됐다.

경로의 날(9월 15일)

9월 15일은 '경로의 날'입니다. 오랫동안 사회를 위해 애써 온 고령자를 공경하고 장수를 축하하는 날인데, 그와 더불어 젊은 세대에게 고령자 복지에 관심을 갖게 하려는 마음이 담겨 있습니다.

여러분, 몇 살부터가 고령자인지 아십니까? 일반적으로 65세 이상을 고령자라고 하며, 고령자 비율이 7~14퍼센트인 사회를 고령화 사회, 14~21퍼센트인 사회를 고령 사회, 그 이상을 초고령 사회라고 합니다. 일본은 1994년에 고령 사회가 되었는데 2010년에는 초고령 사회가 될 전망입니다.

달구경(중추명월)

달구경은 음력 8월 15일에 달을 감상하는 행사로, '중추명월(中秋の名月)' '십오야(十五夜)'라고 부릅니다. 달구경을 하는 날에는 경단이나 참억새, 토란 등을 바칩니다.

쓰키미 경단

❶ 방재의 날(9월 1일)

❷ 기쿠노셋쿠(중양절, 9월 9일)

❸ 중추명월(中秋の名月, 9월 15일)
음력으로 8월 15일의 달을 '십오야' '중추명월'이라고 합니다. 음력에서는 1~3월이 봄, 4~6월이 여름, 7~9월이 가을, 10~12월이 겨울입니다. 그래서 8월은 가을 한 가운데에 있는 달이라서 '중추(中秋)'라고 부릅니다.
자고이래 만월이 가장 아름다운 것으로 여겨졌습니다. 그 중에서도 중추의 이 시기는 공기가 맑아서 가장 아름다운 만월을 볼 수 있기 때문에 헤이안시대 초기에 이 달을 보면서 연회를 하는 습관이 생겼습니다. 일반 서민들 사이로 퍼진 것은 에도시대 이후로, 달이 보이는 곳에 참억새를 장식하고 쓰키미 경단, 토란, 콩 등을 담아서 어른은 쓰키미자케(月見酒)를 마십니다.

❹ 경로의 날(9월 15일)

❺ 추분날(9월 23일경)
추분날은 춘분날과 마찬가지로 낮과 밤의 길이가 같아지는 날입니다. 추분날을 중심으로 전후 1주일을 '아키히간(秋彼岸)'이라고 하며 각 가정에서는 가족이 함께 성묘를 가거나 조상을 공양하는 '법회'를 엽니다.
원래 일본에서는 춘분과 추분 무렵에 풍작을 기원하는 신도 행사(神道行事)가 있었는데 불교의 침투와 더불어 추분은 '하키노히간(가을의 히간)'으로서 조상을 공양하는 의미를 갖기 시작했습니다. 그리고 1948년에는 넓은 의미에서 '조상을 공경하고 죽은 사람을 그리워하는 날'로서 국경일로 제정되었습니다.

1 ① 에도시대 이래 ② 화재로 불에 타다 ③ 잊다 ④ 의미 ⑤ 태풍
⑥ 지진 ⑦ 벼락 ⑧ 준비 ⑨ 예를 들어

> 답
> ① 以来　② 火事　③ 忘　④ 意味　⑤ 台風
> ⑥ 地震　⑦ 雷　⑧ 用意　⑨ 例

2 ① 행방불명 ② 목조 건축 ③ 유래 ④ 내습 ⑤ 가옥 ⑥ 피해
⑦ 내용 ⑧ 대비하다 ⑨ 장수

> 답
> ① ゆくえふめい　② もくぞうけんちく
> ③ ゆらい　④ らいしゅう　⑤ かおく
> ⑥ ひがい　⑦ なかみ　⑧ そな　⑨ ちょうじゅ

3 ① 입춘부터 세어서 210일째, 양력으로 9월 1일경이 태풍이 가
장 자주 내습하는 액일입니다.
② 방재의 날에는 일본 전국에서 대지진이나 재해 발생을 가정
한 방재 훈련이 이루어지고 있습니다.
③ 일본 가정에서는 만약의 사태에 대비해서 피난 장소를 서로
확인하며 비상 주머니가 준비되어 있습니다.
④ 고령자란 몇 살부터인지 압니까?

> 답
> ① から、の、が、×
> ② に、で、や、の、を、が
> ③ の、で、と、に、を、が
> ④ と、の、か、か

4 (역시 / 막상 / 예를 들어 / 일반에게)
① 그 자료는 아직 일반에게 공개되지 않았다.
② 역시 다다미방은 안정감이 들어.
③ 막상 시험을 치르게 되었을 때 당황하지 않도록 해.
④ 이 나라는 많은 문제, 예를 들어 환경 문제 등을 안고 있다.

> 답
> ① いっぱんに　　② やはり
> ③ いざ　　　　　④ たとえば

5 (이래 / 이전 / 이후 / 이외)
① 우리는 이전만큼 쌀을 먹지 않게 되었습니다.
② 정말 미안합니다. 이후로는 조심하겠습니다.
③ 그와는 초등학교 이래 아는 사이입니다.
④ 관계자 이외의 출입은 금지한다.

> 답
> ① 以前　② 以後　③ 以来　④ 以外

6 ① 나는 일본에 유학한 이래 아직 한 번도 고국에 돌아가지 않
았다.
② 우리 엄마는 늘 나를 위해 정성을 다해서 도시락을 싸 주었다.
③ 워드프로세서를 사용하게 되어 한자를 못 쓰게 되었다.
④ 노후에 대비해서 저금해 두려고 생각한다.

> 답
> ① 留学して、帰って、いない
> ② 私の、込めて、作って
> ③ 使う、書け
> ④ 備えて、貯金して

Part 10　체육의 날과 가을 운동회

독해문 해석

이전에는 10월 10일, 지금은 10월 둘째 월요일이 '체육의 날'로서
국경일이 되었습니다. '체육의 날'은 1964년 이날에 도쿄 올림픽 개
회식이 거행된 것을 기념해서 제정되었습니다. 도쿄 올림픽은 일본
에게 '제2차 세계대전 후'(어려웠던 시기)의 종말을 알리는 것이었
습니다. 이 이벤트를 경계로 일본은 가난한 나라에서 풍요로운 나라
로 변신하고 고도 경제성장 시대의 한 가운데로 뛰어듭니다.

그런데 이 '체육의 날'에 하는 행사라면 초중학교에서 하는 '가을
운동회'가 대표적인 것일 겁니다. 그렇다면 이 '운동회'는 언제쯤 시
작된 것일까요? 일본에서도 도술(刀術)이나 궁술(弓術), 마술(馬術)
등 특정 경기대회는 있었지만 체육 전반에 걸친 '운동회'라는 행사
는 없었습니다. 아무래도 운동회라는 행사는 메이지시대의 문명개화
무렵에 서양에서 들어온 것 같습니다. 처음에는 군사 훈련에 가까운
형태였으나 회를 거듭함에 따라서 지역이 함께 하는 축제로 되어 갔
습니다. 운동회에서는 맑게 갠 가을 하늘 아래 부모와 자식이 집에서
직접 만들어 온 도시락을 먹으며, 부모들은 '힘내~'라고 목청껏 자
기 딸과 아들에게 응원을 보냅니다. 그래서 아이들에게 운동회는 예
나 지금이나 특별한 행사입니다.

현대사회에서는 운동 부족이나 스트레스, 지방이나 당분이 많은 음
식이 원인이 되어 생기는 비만을 걱정하게 되었으므로 '체육의 날'
을 계기로 각자 체력과 나이에 맞는 운동을 시작하는 것이 좋을지도
모릅니다.

1 왜 10월 10일이 '체육의 날'로 제정되었습니까?
1964년 10월 10일에 도쿄 올림픽 개회식이 거행되었기 때문에 그것을 기념하여 제정되었습니다.

> 답 1964年の10月10日に、東京オリンピックの開会式が行われたので、それを記念して定められました。

2 체육의 날에는 각지에서 어떤 일이 벌어집니까?
초중학교에서 운동회가 열립니다.

> 답 小中学校で運動会が行われます。

3 도쿄 올림픽이 열린 해는 일본에 어떤 해였습니까?
제2차 세계대전 후 일본의 어려웠던 시기가 끝나고 가난한 나라에서 풍요로운 나라로 변한 해입니다.

> 답 日本の戦後が終わり、貧しい国から豊かな国へと変わった年です。

4 일본에서 막 시작되었을 무렵의 운동회는 어떤 형태였습니까?
군사훈련에 가까운 형태였습니다.

> 답 軍事訓練に近いものでした。

5 지금 일본의 운동회는 어떤 모습입니까?
부모와 자식이 집에서 직접 만들어 온 도시락을 먹으며 부모들은 '힘내~'라고 목청껏 자기 딸과 아들에게 응원을 보냅니다.

> 답 親子が一緒に手づくりの弁当を広げ、親たちは「がんばれ〜」と声の限りに自分の娘や息子に声援を送ります。

01

ⓐ ほんとう
아무래도 그 이야기는 정말인 듯하다.

ⓑ 雨が降る
오늘 아침 일기예보에 따르면 오늘은 오후부터 비가 내릴 것 같다.

02

ⓐ 体力が衰えてきた
나이를 먹음에 따라서 체력이 쇠퇴해졌다.

ⓑ 嫌な思い出も忘れていった
시간이 흐름에 따라서 안 좋은 추억도 잊어 갔다.

03

ⓐ 何かいいことがあった
어쩌면 뭔가 좋은 일이 있었는지도 모릅니다.

ⓑ そんなことがあった
그런 일이 있었을지도 모르지만 잘 기억나지 않아.

가을의 수확을 축하하는 '간나메사이'와 할로윈
10월 15일에서 25일에 걸쳐 이세 신궁에서는 간나메사이를 합니다. 이것은 그 해에 수확한 햅쌀을 처음으로 신께 바치며 가을의 결실에 감사하는 행사입니다. 제2차 세계대전 전에는 국경일이었습니다.
비슷한 축제로 '할로윈'이 있습니다. 이 축제는 고대 켈트인의 가을 수확 감사제가 기원이라고 합니다. 미국에서는 아이들이 호박 속을 파내어 제등을 만들고 밤이 되면 괴물 모습을 하고 근처의 집들을 찾아다니며 'Trick or treat?'(장난치는 게 싫으면 잘 대접해요)라고 말해서 과자를 받습니다.

> 간나메사이
> 이세 신궁에서 하는 수확제

❶ 고로모가에(衣替え, 10월 1일)
고로모가에 습관은 궁중행사로서 시작되었습니다. 그 당시는 음력 4월 1일과 10월 1일에 했습니다. 고로모가에가 6월 1일과 10월 1일로 변한 것은 메이지시대 이후로 학교와 관공서, 은행 등 제복을 착용하는 곳에서는 지금도 이 날에 고로모가에를 합니다.

❷ 체육의 날(10월 둘째 월요일)

❸ 간니메사이(神嘗祭, 10월 15일 ‑ 25일)

❹ 원자력의 날(10월 26일)
1963년 10월 26일, 도카이무라 일본 원자력 연구소의 동력 시험로가 일본에서 처음으로 발전에 성공한 것을 기념하여 원자력의 날이 정해졌습니다. 사실 원자력 발전 따위는 안 할 수만 있다면 좋겠지만 아직 태양광 발전 등 차세대 발전이 실용 단계에 도달하지 못하고 있습니다. 그때까지는 원자력 발전에 의지할 수밖에 없는 것도 사실입니다. '원자력 발전소가 안전하다면 황궁 옆에 만들면 될 것 이냐'라는 의견도 있는데 정말로 황궁 안에 만들어도 좋을 만큼의 안전 대책을 취해야 합니다. 동시에 조금이라도 빨리 차세대 에너지 개발을 위한 연구를 추진할 필요가 있습니다.

❺ 할로윈(Halloween)(10월 31일)

1 ① 체육 ② 개회식 ③ 운동회 ④ 서양 ⑤ 하늘 ⑥ 아들 ⑦ 원인 ⑧ 걱정 ⑨ 옛날

> **답** ① 体育 ② 開会式 ③ 運動会 ④ 西洋
> ⑤ 空 ⑥ 息子 ⑦ 原因 ⑧ 心配 ⑨ 昔

2 ① 가난하다 ② 풍요로운 ③ 경제 ④ 궁술 ⑤ 문명개화 ⑥ 지방 ⑦ 비만 ⑧ 바치다 ⑨ 모습

> **답** ① まず ② ゆた ③ けいざい
> ④ きゅうじゅつ ⑤ ぶんめいかいか
> ⑥ しぼう ⑦ ひまん ⑧ ささ ⑨ かっこう

3 ① '체육의 날'은 1964년 10월 10일, 도쿄 올림픽 개회식이 거행된 것을 기념해서 제정되었습니다.
② 회를 거듭함에 따라서 지역이 함께 하는 축제로 되어 갔다.
③ 아이들에게 운동회는 예나 지금이나 특별한 행사입니다.
④ '체육의 날'을 계기로 각자 체력과 나이에 맞는 운동을 시작하는 것도 좋을지도 모릅니다..

> **답** ① に、の、が、のを
> ② を、に、の、と／に
> ③ に、は、も、も
> ④ を、に、の、や、に、を、の

4 (이미지 / 이벤트 / 스트레스 / 스포츠)
① 그런 일이 보도되면 학교 이미지가 나빠진다.
② 창립 기념일은 회사로서는 중요한 이벤트입니다.
③ 스트레스가 원인으로 여러 가지 병이 생긴다.
④ 내가 가장 좋아하는 스포츠는 마라톤입니다.

> **답** ① イメージ ② イベント
> ③ ストレス ④ スポーツ

5 (~로써, ~에 의해서 / ~함에 따라서 / ~를 계기로 / ~을 담아)
① 성의를 다해서 사과하면 틀림없이 용서해 줄 거야.
② 이 문제는 서로 의논함으로써 해결해야 한다.
③ 물가가 비싸짐에 따라 생활이 어려워져 갔다.
④ 아버지는 입원을 계기로 해서 술도 담배도 끊었습니다.

> **답** ① を込めて ② によって
> ③ につれて ④ を契機にして

6 ① 시합이 가까워짐에 따라서 연습은 더욱 혹독해져 갔다.
② 시험은 네가 생각하는 만큼 간단하지 않은 것 같다.
③ 어쩌면 암일지도 모르니까 검사받는 게 좋아.
④ 중요한 것은 꿈을 계속 갖는 것이다.

> **답** ① 近づく、厳しさ、増して
> ② 思って、簡単ではない
> ③ 癌、検査して、もらった
> ④ 重要な、持ち

Part 11 시치고산과 동요 '도랸세'

독해문 해석

시치고산은 세 살, 다섯 살의 남자 아이와 세 살, 일곱 살의 여자 아이의 성장을 축하하는 의식입니다. 가족이 함께 11월 15일에 그 고장의 수호신이나 신사에 참배합니다.

시치고산을 축하하러 신사에 가서 부적을 바치는 모습을 노래한 '도랸세'라는 동요가 있습니다. 이 노래는 '도랸세, 도랸세, 여기는 어디의 좁은 길인가, 천신님의 좁은 길인가……'라는 가사로 시작되는데 '가는 길은 좋지만 돌아오는 길은 무섭다'라는 무서운 가사로 끝납니다. 왜 돌아오는 길이 무서운지에 대해서는 여러 가지 설이 있는데 당시 '일곱 살 전까지는 신의 아이'라는 말이 있었듯이 의료가 발달하지 않은 데다 역병이며 영양부족으로 유유아의 사망률이 높았던 옛날에는 일곱 살을 맞이할 때까지는 그 아이가 무사히 어른이 될지 어떨지 모르는 현실이었습니다. 그래서 일곱 살 전까지는 언제 신의 부름을 받을지 모르는 '신의 아이'라고 여겨졌던 것입니다. 신에게 일곱 살을 축하하는 선물을 바쳤지만 그래도 신이 언제 아이를 데리고 갈지 모른다는 부모의 불안한 마음과 아이가 무사히 성장하기를 기원하는 애절한 심정이 그 가사에 나타나 있습니다.

일곱 살을 축하한 후에는 그 고장 수호신의 우지코(氏子)가 되어 지역 공동체의 일원으로서 받아들여졌습니다. 현재 의무교육이 일곱 살부터 시작되는 것도 그 잔재입니다. 시치고산은 아이를 사회의 일원으로서 받아들이는 행사이기도 했습니다.

현재는 이런 관습에 관계없이, 기모노나 하카마를 입히고 치토세아메(千歳飴)를 사서 축하합니다. 치토세아메는 잡아당기면 늘어나는데 수명이 늘어난다는 뜻의 길조의 물건이라서 팥 찰밥과 함께 치토세아메를 친척이나 친한 사람에게 선물로 나눠주는 경우도 있습니다.

1 시치고산은 어떤 의식을 말합니까?
세 살, 다섯 살의 남자 아이와 세 살, 일곱 살의 여자 아이의 성장을 축하하는 의식입니다.
> 답 三歳と五歳の男児と三歳と七歳の女児の成長を祝う儀式のことです。

2 '일곱 살까지는 신의 아이'라는 것은 어떤 것을 나타냅니까?
일곱 살까지는 언제 신의 부름을 받을지 모른다고 여겨졌던 것을 나타냅니다.
> 답 七歳まではいつ神に召されるかもしれないと考えていたことを表しています。

3 '도란세'의 가사 끝부분이 '가는 길은 좋지만 돌아오는 길은 무섭다'라고 되어 있는 것은 어째서입니까?
천신님에게 일곱 살을 축하하는 선물을 바쳤지만 그래도 언제 신이 아이를 데리고 갈지 모른다는 불안한 마음이 있었기 때문입니다.
> 답 天神さまに七つのお祝いのお札を納めたけれど、神がいつ子どもを連れ去っていくかもしれないという不安な気持ちがあったからです。

4 시치고산이 끝난 아이는 그 사회에 어떻게 받아들여졌습니까?
그 고장 수호신의 우지코가 되어 지역 공동체의 일원으로서 받아들여졌습니다.
> 답 地元の氏神さまの氏子となって、地域の共同体の一員として迎えられました。

5 현재의 시치고산은 어떻게 되어 있습니까?
현재는 그 고장 수호신의 우지코가 되는 관습과는 관계없이 기모노나 하카마를 입히고 치토세아메를 사서 축하하는 의식이 되었습니다.
> 답 現在では、地元の氏神さまの氏子となるしきたりに関係なく、着物や袴を着せ、千歳飴を買ってお祝いする儀式となりました。

01
ⓐ 勉強して
형은 늘 밤늦게까지 공부하고 있습니다.

ⓑ 食事の支度をし
아이가 돌아올 때까지 식사 준비를 해야 합니다.

02
ⓐ 手数料（入会金）
수수료(입회금)로서 만 엔을 받겠습니다.

ⓑ 教師、人生の先輩
오늘은 교사로서가 아니라 한 사람의 인생 선배로서 자네에게 이야기하고 싶은 것이 있네.

03
ⓐ お貸し
비가 내리는군요. 괜찮다면 제 우산을 빌려드릴까요?

ⓑ お聞き／おうかがい
잠깐 여쭙겠는데요. 이 근처에 우체국은 없습니까?

노동 감사의 날
제2차 세계대전 전에는 11월 23일에 '니나메사이(新嘗祭)'를 했습니다. '니나메사이'는 예로부터 국가의 중요한 행사로 '미즈호노쿠니(싱싱한 벼이삭의 나라, 일본의 미칭)'의 제사를 주관하는 최고 책임자인 천황이 국민을 대표해서 농작물을 주신 신의 은혜에 감사하는 의식이었습니다.
이 '니나메사이'는 1948년에 '근로감사의 날'로 개명되어 국경일로 되었는데 개명에 즈음해서는 원래의 '니나메사이'로서 축하해야 한다는 등 다양한 의견이 있었습니다. 그러나 오늘날의 '노동'은 농업뿐만 아니라 공업이며 서비스업 등도 포함한 폭넓은 의미를 갖게 되었기 때문에 현재의 '근로감사의 날'로 되었습니다.

'니나메사이'의 의식
'니나메사이'는 오곡풍양을 기원하는 중요한 식전으로 친히 신에게 감사드리며 스스로도 그 해에 수확한 햅쌀을 먹는 의식입니다.

❶ 문화의 날(11월 3일)
제2차 세계대전 전에는 11월 3일을 메이지세쓰(明治節)라고 하여 메이지 천황의 유덕을 기리는 경축일이었습니다. 그러나 제2차 세계대전 후에는 메이지 '자유와 평화를 사랑하며 문화를 향상시킨다'라는 취지에서 문화의 날로 개정되었습니다.
이날은 문화를 찬양하는 행사로서 황궁에서 문화훈장 수여식이 거행됩니다. 또한 문화청에서 주최하는 예술제가 개최됩니다.

② 태양력 채용 기념일(11월 9일)

　1892년 11월 9일, 태양력이 폐지되고 태양력이 채용되었습니다. 이해의 12월 3일이 메이지 6년 1월 1일로 변경되었는데 12월이 단 2틀밖에 없게 되어 세상에는 큰 소동이 벌어졌다고 합니다.

③ 세계 평화 기념일(11월 11일)

　1918년 11월 11일, 제1차 세계대전의 휴전협정이 성립되어 부전조약이 맺어진 날입니다. 그것을 기념해서 이날이 세계 평화 기념일로 결정되었는데 영원한 평화에 대한 바람도 허무하게 1939년에 다시 제2차 세계대전이 일어났습니다.

④ 시치고산(11월 15일)

⑤ 노동 감사의 날(11월 23일)

연습 문제

해석과 답

1　① 신사 ② 모습 ③ 무섭다 ④ 신 ⑤ 발달 ⑥ 관계 ⑦ 기모노 ⑧ 나누어주다 ⑨ 대표

답　① 神社　② 様子　③ 恐　④ 神　⑤ 発達
　　⑥ 関係　⑦ 着物　⑧ 配　⑨ 代表

2　① 바치다 ② 참배 드리다 ③ 동요 ④ 의료 ⑤ 역병 ⑥ 무사 ⑦ 흔적 ⑧ 천황 ⑨ 원래

답　① おさ　② まい　③ どうよう　④ いりょう
　　⑤ えきびょう　⑥ ぶじ　⑦ なごり
　　⑧ てんのう　⑨ ほんらい

3　① 당시는 의료가 발달하지 않은 데다 역병이며 영양 부족으로 유유아의 사망률이 높았습니다.
　② 일곱 살을 맞이할 때까지는 그 아이가 무사히 어른이 될지 어떨지 모르는 현실이었습니다.
　③ 의무교육이 일곱 살부터 시작되는 것도 그 잔재입니다
　④ 오늘날의 '노동'은 농업뿐만 아니라 공업이며 서비스업 등도 포함한 폭넓은 의미를 갖게 되었다.

답　① が、し、や、に、の、が
　　② を、まで、が、に、か、か、と、の
　　③ が、から、の
　　④ だけ、や、など、を

4　(무섭다 / 애달프다 / 친하다 / 가난하다)
　① 그와는 그렇게 친하게 교제하지 않아서 잘 모릅니다.
　② 나는 어렸을 때 주사가 무서워서 병원에 가는 게 싫었다.
　③ 그는 가난에 지지 않고 훌륭한 청년으로 성장했다.
　④ 그녀를 생각하는 것만으로도 애달픈 마음이 된다.

답　① したしく　② こわくて
　　③ まずしさ　④ せつなく

5　(~일 것이다 / ~인지 모른다 / ~할 터이다 / ~인 것 같다)
　① 예정대로라면 전철이 도착하는 것은 10시일 텐데 어떻게 된 걸까?
　② 일요일이니까 아마 집에 있을 것이다.
　③ 어쩌면 그의 이야기는 정말인지도 모른다.
　④ 아무래도 그녀에게는 좋아하는 사람이 있는 것 같다.

답　① はずだ　② だろう
　　③ かもしれない　④ らしい

6　① 할 수 있을지 없을지 해 보지 않으면 모르지 않습니까?
　② 왜 이런 결과가 됐는지 정확하게 설명해 주시겠어요?
　③ 기다리고 있었습니다. 자 들어오세요.
　④ 숙제가 끝날 때까지 놀러 나가서는 안 됩니다.

답　① やれる、やって、わからない
　　② なった、説明して
　　③ 待ち、上がり
　　④ 終わる、遊び、行って

Part 12　크리스마스와 제야의 종

독해문 해석

　12월 24일~25일의 크리스마스는 그리스도의 탄생을 축하하는 날로 기독교권의 사람들은 교회에서 예배를 본 후에 엄숙하게 그리스도의 탄생을 축하합니다.
　일본에서 크리스마스는 프란시스코 자비에르가 기독교를 전한 후

450년의 역사를 가지고 있습니다. 러일전쟁 무렵에는 이미 일본 문화의 일부가 되었습니다. 그러나 일본에서는 종교적인 의미는 엷고 파티를 열거나 선물을 교환하는 즐거운 연말 행사가 되었습니다. 거리에는 가지각색의 크리스마스트리가 반짝이고 크리스마스 캐럴이 떠들썩하게 흐릅니다.

'시와스(師走)'란 정말 딱 맞는 말로 크리스마스가 지나면 정신없이 연말이 다가옵니다. 일 년의 마지막 날을 오미소카(大晦日)'라고 하는데 오미소카에 메밀국수를 먹는 것은 메밀국수가 길어서 수명이며 행복이 오랫동안 지속되기를 기원하는 길조의 음식이기 때문입니다. 오미소카에는 집에서 NHK '고하쿠우타갓센(紅白歌合戰)'을 보면서 해를 보내는 사람도 있고, 절에 가서 참배를 드리고 제야의 종소리를 들으며 새해를 맞이하는 사람도 있습니다. 산에 오르거나 해변에 숙소를 잡고 간단(元旦)에 첫 일출을 보는 사람도 있습니다. 제야의 종은 중국 송나라 시대에 시작된 불교 행사인데 에도시대 이후에 일본에서도 활발해졌습니다. 제야의 종은 108번 치는데 이것은 인간의 108가지 번뇌를 떨쳐낸다는 의미가 있다고 합니다. 마지막 한 번은 해가 바뀌고 나서 치는데 제야의 종소리가 그치면 드디어 새해입니다.

읽고 답하기

1 크리스마스는 어떤 날입니까?
  그리스도의 탄생을 축하하는 날입니다.
  답 キリストの生誕を祝う日です。

2 기독교권의 나라들에서는 어떻게 크리스마스를 축하합니까?
  교회에서 미사를 하고 엄숙하게 크리스마스를 축하합니다.
  답 教会でミサをして、厳粛にクリスマスを祝います。

3 지금 일본의 크리스마스는 어떻습니까?
  종교적인 의미는 엷고 파티를 열거나 선물을 교환하는 즐거운 연말 행사가 되었습니다.
  답 宗教的な意味は薄れ、パーティーを開いたりプレゼントを交換する、年末の楽しい行事になっています。

4 일본인은 왜 오미소카에 메밀국수를 먹습니까?
  메밀국수가 길어서 수명이며 행복도 길게 계속되기를 기원하는 길조의 음식이기 때문입니다.
  답 そばが長いことから、命や幸せが長く続くことを祈る縁起ものだからです。

5 마지막 제야의 종이 울리는 것은 몇 월 며칠입니까?
  1월 1일(간단)입니다.
  답 一月一日（元旦）です。

문형 연습

01

ⓐ 英語が話せない
  영어로 말하지 못하면 곤란합니다.

ⓑ クリスマス・ツリーを飾ります
  해마다 크리스마스가 되면 크리스마스트리를 장식합니다.

02

ⓐ 本当のことを言わない
  그가 화가 난 것은 당신이 사실을 말하지 않기 때문입니다.

ⓑ 成功した
  그가 성공한 것은 열심히 노력했기 때문입니다.

03

ⓐ 歩き
  걸으면서 담배를 피우는 것은 그만두세요.

ⓑ 新聞を読み、ご飯を食べる
  신문을 보면서 밥을 먹는것은 좋지 않은 일 입니다.

보충 학습

오세이보(お歳暮)를 선물하다

오세이보는 원래 시집간 사람이나 분가한 사람이 연말에 부모님이 계신 곳으로 돌아오면서 설 제물로 가지고 온 것에서 시작되었다고 합니다. 그것이 일 년을 마무리하며 감사의 표시로서 신세를 진 사람에게 서로 선물하는 습관이 되었습니다.

지금은 백화점 같은 곳에서 사서 보내는 경우가 많으며 일용잡화, 취미 용품 등 종류도 다양합니다. 금액은 오추겐(お中元)보다 2~30퍼센트쯤 더하는 것이 기준이며 12월 초순에서 20일 정도까지 상대방에게 도착하게 합니다. 31일을 넘긴 경우에는 '오넨가(お年賀)'로서 직접 건네는 것이 좋습니다.

> **연하장**
> 연말이 다가오면 연하장을 씁니다. 연하장을 다 써야 안심이 됩니다. 이것이 일본인의 세밑 모습입니다.

① 동지 (12월 22일경)

　　매년 12월 22일경이 동지에 해당되며 일 년 중에서 가장 낮이 짧고 밤이 긴 날입니다. 이 무렵부터 점점 추위도 본격적으로 시작됩니다. 동지에는 호박을 먹는 습관이 있는데 야채가 부족하기 쉬운 이 시기에 비타민이나 카로틴을 섭취할 수 있어 합리적이며, 옛날 사람들은 '동지까지 보관해 두었던 호박을 먹으면 마귀를 쫓을 수 있다'라고 생각했습니다.

② 천황 탄생일 (12월 23일)

　　12월 23일은 '천황의 생일을 축하하는 날'로서 법률로 정해져 있습니다. 천황은 제2차 세계대전 전에는 사람 모습으로 이승에 나타난 신으로서 숭상되어 '덴초세쓰(天長節)'라고 불렸습니다. 그러나 제2차 세계대전 후에 천황은 신이 아니라 '일본 국민 통합의 상징'이라는 새로운 의미를 갖게 되었습니다. 그래서 천황 탄생일을 순수하게 탄생일로서 축하하고 국민과 천황의 거리를 좁힐 것을 목적으로 하여 국경일 '천황 탄생일'로 하게 되었습니다.

③ 크리스마스 (12월 24일 밤~25일)

④ 고요오사메 (ご用納め, 12월 28일)

　　고요오사메란 관공서 등이 그 해의 집무를 마치는 것으로 일반적으로는 12월 28일을 말합니다. 그 반대로 집무를 시작하는 것을 고요하지메(ご用始め)라고 하며 1월 4일입니다. 다시 말해서 관공서는 12월 29일부터 1월 3일까지 휴무입니다.

⑤ 오미소카 (12월 31일)

연습 문제

1 ① 역사 ② 문화 ③ 전쟁 ④ 엷어지다 ⑤ 교환 ⑥ 빛나다
　　⑦ 자택 ⑧ 신년 ⑨ 일용잡화

> 답　① 歴史　② 文化　③ 戦争　④ 薄　⑤ 交換
> 　　⑥ 輝　⑦ 自宅　⑧ 新年　⑨ 日用雑貨

2 ① 엄숙 ② 음력 12월 ③ 분주하다 ④ 음력에서 일 년의 마지막 날
　　⑤ 해변 ⑥ 숙소를 잡다 ⑦ 빌다 ⑧ 한창임 ⑨ 세밑 선물

> 답　① げんしゅく　② しわす　③ あわ
> 　　④ おおみそか　⑤ うみべ　⑥ やど、と
> 　　⑦ おが　⑧ さか　⑨ せいぼ

3 ① 크리스마스가 지나면 분주하게 연말이 다가온다.
　　② 오미소카에 메밀국수를 먹는 것은 메밀국수가 길어서 행복이 오랫동안 지속되기를 기원하는 길조의 음식이기 때문입니다.
　　③ 오미소카에는 고하쿠우타갓센(紅白歌合戦)을 보면서 해를 넘기는 사람도 있고 산에 올라 첫 일출을 보는 사람도 있습니다.
　　④ 제야의 종은 송나라 시대에 시작된 불교 행사입니다.

> 답　① が、と、の、が
> 　　② に、を、の、が、が、を、から
> 　　③ に、を、ながら、を、も、に、の、を、も
> 　　④ と、の、の、に

4 (기원하다 / 끝나다 / 돌아오다 / 닿다)
　　① 겨울 장마가 끝나고 여름이 찾아왔다.
　　② 남편은 곧 돌아올 겁니다.
　　③ 위험한 물건은 아이 손이 닿지 않는 곳에 두세요.
　　④ 당신의 성공을 진심으로 기원하고 있습니다.

> 답　① あけて　　② もどって
> 　　③ とどかない　④ いのって

5 (이미 / 점점 / 대략 / 반드시)
　　① 내가 회장에 도착했을 때 이미 파티는 시작되어 있었다.
　　② 약속한 것은 반드시 지키세요.
　　③ 시합 날이 점점 다가왔다.
　　④ 대략 언제쯤 완성되겠습니까?

> 답　① すでに　　② かならず
> 　　③ いよいよ　④ だいたい

6 ① 거기는 전기도 들어오지 않고 수도도 없는 불편한 곳이었다.
　　② 그때 내가 운 것은 당신의 친절이 기뻤기 때문입니다.
　　③ 귀가 시간이 10시까지 돌아가지 않으면 부모님께 혼나요.
　　④ 언젠가 당신처럼 일본어를 잘 할 수 있게 되었으면 좋겠습니다.

> 답　① 通って、いない、ない
> 　　② 泣いた、うれしかった
> 　　③ 帰らない、怒られる
> 　　④ 上手に、話せる、なり

Part 01 절과 악수

독해문 해석

절과 악수는 대표적인 인사 형식인데 절은 상대방에 대한 경의를 나타내고 악수는 친목과 화해를 나타내는 차이가 있습니다. 일본에서 정중한 인사라고 하면 절이 일반적이었지만 최근에는 악수도 일반화되고 있습니다.

절을 하는 습관은 주로 동아시아에서 볼 수 있는데 아스카~나라시대에 중국의 예법을 받아들여서 신분에 따라 절의 형태를 제정한 것이 절의 시작이라고 합니다. 목을 내밀어 적의가 없음을 표현한 것이 절의 유래라고 합니다.

절에는 '입례'와 '좌례', 두 종류가 있습니다. 좌례는 일본식 예법이라서 별로 익숙하지 않겠지만 다다미방으로 안내되어 처음 만나는 사람과 인사할 때 합니다.

사무실에서는 '입례'를 하는데 절하는 깊이에 따라 '최경례(最敬礼)' '경례(敬礼)' '에샤쿠(会釈)'의 세 종류로 분류할 수 있습니다. 입례의 경우 '최경례'는 똑바로 선 자세에서 허리를 기점으로 45도 이상 몸을 굽힙니다. '경례'는 30~45도, '에샤쿠'는 15도 정도입니다. 머리를 숙이기만 하는 절은 안 됩니다. 허리를 기점으로 상반신 전체를 앞으로 굽힙니다. 첫 번째 박자에서 민첩하게 숙이고 두 번째 박자에서 멈추었다가 3~5번째 박자에서 천천히 몸을 일으킵니다. 이 동작의 완급과 정지했을 상태의 호흡이 절하는 모습을 아름답게 보이게 합니다.

최경례 : 특히 경의를 표하거나 사죄의 마음을 진지하게 전하고 싶을 때 합니다.

경례 : 찾아온 손님을 맞이하거나 배웅할 때 또는 상사에게 인사할 때 등에 하는 일반적인 절입니다.

에샤쿠 : 동료나 상사와 복도에서 스쳐 지날 때 또는 응접실에 들어가고 나올 때 하는 절입니다.

그리고 손에 핸드백이나 짐을 들고 있을 때는 오른쪽 그림처럼 안 듯이 앞으로 들고 절을 하는 것이 좋습니다.

서양 인사는 주로 악수인데 악수는 일반적으로 선 자세에서 오른손으로 합니다. 악수의 유래는 여러 가지 설이 있지만 손에 무기를 들고 있지 않다는 것을 상대방에게 증명하려는 의도에서 시작되었다는 설이 유력합니다.

악수는 등을 펴고 반드시 상대방의 얼굴(눈)을 보면서 합니다. 악수할 때는 손을 꽉 잡습니다. 느슨하게 잡으면 상대방에게 성의가 없는 느낌을 주게 됩니다. 또한 악수할 때는 윗사람이 아랫사람에게 손을 내미는 것이 매너입니다. 악수는 서로 손이 맞닿는 행위이므로 그걸 아랫사람이 윗사람에게 강요하는 것은 실례이기 때문입니다. 여성과 남성의 경우는 여성이 먼저 손을 내밉니다. 이것은 레이디 퍼스트입니다. 그러나 일본에서는 여성과 남성의 경우에는 악수를 하지 않고 가볍게 절을 하는 경우가 많습니다.

또 한 가지 주의해야 할 점이 있습니다. 일본인에게 흔히 볼 수 있는 광경인데 절을 하면서 악수를 하면 비굴해 보이므로 삼가는 것이 좋습니다. 또한 의자 등에 기대어 앉은 채 악수를 하는 사람도 있는데 악수는 서서 하는 것이 매너이므로 이것도 안 됩니다. 이런 것은 사회인이라면 기본적으로 주의해야 할 사항이므로 기억해 두세요.

읽고 답하기

해석과 답

1 절과 악구에는 어떠한 차이가 있습니까?
   절은 상대방에 대한 경의를 나타내고 악수는 친목과 화해를 나타내는 차이가 있습니다.
   답 お辞儀は相手への敬意を表し、握手は親睦・和解を表すという違いがあります。

2 입례는 어떤 절을 말합니까? 선 채로 하는 절을 말합니다.
   답 立ったまますするお辞儀のことです。

3 현관에서 손님을 맞이할 때는 어떤 종류의 절이 적절합니까?
   일반적인 경례입니다.
   답 一般的な敬礼です。

4 악수할 때 왜 아랫사람이 먼저 손을 내밀면 안 됩니까?
   악수는 서로 손이 닿으므로 아랫사람이 윗사람에게 강요하는 것은 실례이기 때문입니다.
   답 握手は手が触れあうので、目下から目上の人に対して強いるのは失礼だからです。

5 절과 악수의 유래에는 공통점이 있습니다. 그것은 무엇입니까?
   둘 다 상대방에게 적의가 없음을 표현한 것에서 유래합니다
   답 どちらも相手に対して敵意がないことを表現したことに由来しています。

독해문 해석

　여러분은 '인사'의 어원을 아십니까? '아이(挨)'에는 마음을 연다는 뜻이 있고 '사쓰(拶)'에는 상대방에게 다가간다는 뜻이 있습니다. 다시 말해서 인사는 '마음을 열고 상대방에게 다가 간다'라는 뜻입니다.

　예로부터 일본인은 밖에서 남과 만나거나 스쳐 지날 때는 설령 모르는 사람이라도 말을 거는 것이 일반적인 예의이었습니다. 인사를 못하는 사람은 어른으로 보지 않았습니다. 지금도 일본에서는 회사나 이웃 관계 등 각 커뮤니티 속에 그런 경향이 강하게 남아 있습니다.

　아침에 만났을 때 하는 인사 '오하요'는 '일찍부터 수고가 많으십니다'의 준말이라고 합니다. 그것은 아침부터 일하는 사람을 위로하는 말이었습니다. '곤니치와'는 '오늘은 좀 어떠십니까?'의 준말로, 낮에 처음 만난 사람의 몸이며 마음의 상태에 신경을 썼습니다. '곰방와'는 '오늘밤은 좋은 밤이네요' 등의 준말이라고 합니다. 또한 '사요나라'는 '그렇다면'의 준말로 '그렇다면 저는 이만 실례하겠습니다'라는 뜻이었다고 합니다.

　회사의 경우 외출하는 상사나 선배에게는 물론이고, 동료에게 '다녀오세요', 외출에서 돌아오면 '잘 다녀오셨어요?', 그리고 일을 마치고 집으로 돌아가는 사람에게 '수고하셨습니다'라고 인사하는 것은 잊어서는 안 될 예절입니다.

　그런데 비즈니스의 세계에서 빠트릴 수 없는 것이 명함입니다. 처음 만났을 때 일반적으로는 '늘 신세를 지고 있습니다. ○○상사의 ○○입니다'라며 자기 이름을 대면서 명함을 건넵니다. 명함은 그 사람의 신분증명서이므로 명함을 소중하게 다룸으로써 상대방에게 경의를 표하고 있음을 나타냅니다.

　명함을 교환할 때는 아랫사람이 먼저 윗사람에게 줍니다. 그러나 상대방을 방문했을 때는 '실례하겠습니다'라는 의미를 담아서 방문한 사람이 먼저 꺼냅니다. 다만 방문자가 분명하게 윗사람일 때는 방문을 받은 쪽에서 먼저 꺼냅니다.

　명함은 전 세계에서 사용되고 있는데 가장 오래 된 나라는 중국이며 당나라 때 문헌에 나무와 대나무로 만든 명함에 관한 기술이 있습니다. '명함(名刺)'이라는 말 자체가 중국의 고어입니다. 당시에는 만나러 간 사람이 부재중일 때 문틈에 끼워두어 방문했음을 알릴 목적으로 사용했습니다. 일본에서는 에도시대부터 일본 종이에 먹으로 이름을 쓴 명함이 사용되기 시작했습니다. 그 후 처음 만나는 사람에게 자기소개 대신 명함을 주게 되었는데 그것은 일본이 처음이라고 합니다. 일본은 지금도 세계에서 명함을 가장 많이 주고받는 나라이며 명함을 교환하는 습관은 일본 문화 그 자체라고 해도 좋을 것입니다.

비즈니스 인사를 숙지합시다
- ◆ 오하요고자이마스 : 하루를 상쾌하게 시작합시다.
- ◆ 곤니치와 : 상대방의 기분에 변화를 줍시다.
- ◆ 감사합니다 : 감사의 마음을 전합시다.
- ◆ 죄송합니다 : 실수를 솔직하게 인정합시다.
- ◆ 다녀오세요 : 기분 좋게 배웅합시다.
- ◆ 잘 다녀오셨어요?(이제 오세요?) : 따뜻하게 맞아줍시다.
- ◆ 다녀오겠습니다 : 외출을 알립시다.
- ◆ 지금 돌아왔습니다 : 무사하게 돌아왔음을 알립시다.
- ◆ 지금 시간 있습니까? : 자기쪽에서 용건이 있어서 말을 꺼낼 때 사용합시다.
- ◆ 실례하겠습니다 : 상대방의 동작을 중단시킬 때 사용합시다.
- ◆ 수고하셨습니다 : 상대방의 노고를 위로합시다.
- ◆ 늘 신세를 지고 있습니다 : 거래처 사람에게 감사의 마음을 전합시다.
- ◆ 먼저 실례하겠습니다 : 퇴근할 때 잊지 말고 말합시다.

읽고 답하기

해석과 답

1 인사는 원래 어떤 의미를 가진 말이었습니까?
　'마음을 열고 상대방에게 다가 간다'라는 의미를 가진 말입니다.
　답 「心開いて、相手に近づいていく」という意味の語です。

2 '오하요' '곤니치와' '곰방와' '오야스미' 중에서 가족에게 사용하지 않는 인사말은 어느 것입니까?
　'곤니치와'와 '곰방와'입니다.
　답 「こんにちは」「こんばんは」です。

3 '잘 다녀오셨어요?'는 상사에게 사용해도 좋은 말입니까?
　네, 사용해도 괜찮습니다.
　답 はい、使ってもかまいません。

4 명함은 원래 어떤 것이었습니까?
　만나러 간 사람이 부재중일 때 문틈에 끼워두어 방문을 알릴 목적으로 사용된 것이었습니다.
　답 訪問先が不在の際に、戸口の隙間に挟んで、来訪を知らせる目的で使われたものでした。

5 처음 만나는 사람과 명함을 교환하는 습관은 왜 일본 문화 그 자체라고 할 수 있습니까?
　처음 만나는 사람에게 자기소개 대신에 명함을 주는 습관이 일본에서 생겨났고 일본은 지금도 세계에서 명함을 가장 많이 주고받는 나라이기 때문입니다.
　답 初対面の人に自己紹介がわりに名刺を渡す習慣は日本で生まれ、日本は今でも世界で最も名刺交換をする国だからです。

알고 계신 분도 많겠지만 상좌는 윗사람(상사·손님)등이 앉는 자리, 하좌는 아랫사람(부하나 가족 등 대접하는 쪽)이 앉는 자리입니다. 비즈니스 세계에서는 이 자리 순서를 중요시하고 있으므로 꼭 알아 두세요. '상좌' '하좌' 또는 '상석' '하석'이라고도 합니다.

일반적으로 일본식 방에서는 도코노마(床の間)에 가까운 자리가 상좌, 방 출입구에 가까운 자리가 하좌입니다. 도코노마가 없는 방에서는 출입구에서 볼 때 오른쪽 안쪽이나 정원의 경치가 잘 보이고 액자나 장식품이 있는 쪽이 '상좌'입니다.

왜 도코노마 근처가 상좌가 되었을까요? 그것은 도코노마의 역사를 보면 알 수 있습니다. 도코노마는 쇼인즈쿠리(書院造り)가 특징으로, 원래는 불화를 걸어두는 신성한 장소였기 때문에 출입구에서 멀고 안정된 장소인 방 가장 안쪽에 만들었습니다. 그 때문에 손님이나 신분이 높은 사람을 신성하고 안정된 그 자리에 앉히게 되었습니다.

회사의 응접실에서는 방 입구에서 멀고 또한 입구가 보이는 곳, 창문을 통해 경치가 잘 보이고 방의 장식품이나 그림·꽃 등을 감상할 수 있는 자리가 상좌입니다. 그리고 손님이 편안하게 앉을 수 있도록 장의자나 소파를 배치하는 것이 예의입니다. 출입구에 가까운 쪽이 하좌인 것은 출입이 빈번하면 안정된 마음으로 있을 수 없으므로 중요한 사람을 앉힐 수가 없기 때문입니다.

탈 때에도 상좌, 하좌가 있습니다. 운전기사가 있는 경우는 운전기사 뒤쪽이 상좌입니다. 또한 소유자 본인이 운전할 경우는 조수석이 '상좌'입니다. 택시를 탔을 때는 아랫사람이 계산하고 내리는 것을 잊지 마세요.

신칸센 같은 경우는 진행 방향을 향해서 앉은 위치의 창 쪽이 상좌이고 통로 쪽이 하좌입니다. 그러나 상좌의 자리가 파손되었거나 앉았을 때의 느낌이 나쁠 때 등 미흡한 점이 있을 경우는 그 점에 대해서 이야기하고 아랫사람이 나서서 그 자리에 앉읍시다.

엘리베이터에서는 입구에 서서 보았을 때 좌측 안쪽부터 상좌이고 앞쪽의 조작 버튼이 있는 쪽이 가장 하좌입니다. 버튼 위치가 좌우 어디에 있든 안쪽의 위치는 변함없습니다.

이상이 원칙이지만 상좌라도 냉난방 바람이 직접 닿거나 직사광선이 닿거나 역광이라 윗사람이 기분 좋게 시간을 보낼 수 없는 경우가 있습니다. 그런 때는 그때그때의 상황에 맞춰서 자리를 권하는 것이 진정으로 상대방에게 마음을 쓰는 대접이라고 할 수 있습니다.

1 자기 회사의 사장과 거래처의 사장이 식사를 할 때는 누가 상좌에 앉습니까? 그것은 왜입니까?
거래처의 사장입니다. 회사에 중요한 손님은 자사 사장보다도 상위에 세우는 것이 일본의 문화이자 습관이기 때문입니다.
> 답 取引先の社長です。それは会社にとって大切なお客は、自社の社長よりも上位に立てるのが日本の文化であり、習慣だからです。

2 '도코노마'는 원래 어떤 장소였습니까?
쇼인즈쿠리의 일본식 건축에서 '도코노마'는 불화를 거는 신성한 장소였습니다.
> 답 書院造りの和風建築では、「床の間」は仏画をかける神聖な場所でした。

3 회사 응접실에서는 왜 출입구에서 먼 곳이 상좌입니까?
사람의 출입이 빈번한 출입구 가까이에서는 손님이 안정된 마음으로 있을 수 없기 때문입니다.
> 답 人の出入りが頻繁な出入り口の近くでは、お客が落ち着かない気分になるからです。

4 당신이 자기 차로 손님을 역까지 바래다줄 때 손님은 어디에 앉게 합니까?
조수석입니다.
> 답 助手席です。

5 당신이 상사나 손님과 함께 엘리베이터를 탈 때 당신은 어느 위치에 섭니까?
엘리베이터의 조작 버튼이 있는 입구 부근입니다.
> 답 エレベーターの操作ボタンがある入り口付近です。

독해문 해석

일본에서는 지인의 집이나 사무실을 방문할 때 과자상자를 가지고 가는 습관이 있습니다. 이것을 데미야게라고 합니다.

데미야게는 혼담이나 취직을 부탁하는 등 정식 방문일 때 가지고 가는 것과 친분을 돈독히 하려고 친구와 만날 때 가지고 가는 것이 있습니다. 정식 방문일 때의 데미야게로는 역시 격식을 갖춘 것이 좋습니다. 가는 도중에 사지 말고 미리 정성을 다해서 고른 물건을 준비합니다. 과자일 경우는 전통 있는 상점이나 유명한 곳에서 산 품격이 느껴지는 것이 좋습니다.

경사스런 일일 때는 술이나 축하 선물이 적합합니다. 선물을 싸는 포장지에는 겉에다 '명과(銘菓)' 또는 '조품(粗品)'이라고 쓰고 아래쪽에 성뿐만 아니라 이름까지도 쓰는 것이 정식입니다. 데미야게를 건네는 것은 방문한 곳에서 인사를 마친 후 '인사의 표시로'라거나 '별거 아니지만'이라고 말하며 보자기나 봉투에서 꺼내어 물건의 정면이 상대방에게 향하게 해서 두 손으로 내미는 것이 일본식 매너입니다. 받는 쪽은 감사히 받으며 일단 손님방의 높은 곳에 두었다가 나중에 그 자리를 뜰 때 가지고 나옵니다. 그리고 보자기나 빈 봉투는 자기가 가지고 돌아옵니다.

이상이 정식으로 데미야게를 주고받는 예의범절인데 친분이 목적인 경우의 데미야게는 형식이나 체면을 차릴 필요는 없습니다. 직접 만든 케이크나 잼, 마당에 핀 꽃 같은 것도 상대방은 기뻐할 것입니다. 받는 쪽도 형식적으로가 아니라 솔직하게 마음을 표현하는 것이 중요합니다. 데미야게를 받으면 '열어 봐도 되요?'라고 먼저 말을 하고 그 자리에서 포장을 뜯어 보며 바로 '기뻐요'라거나 '멋져요'라고 감상을 말합니다. 꽃은 즉시 꽃병에 꽂아서 방에 장식하고 식품은 그릇에 담아서 '같이 먹어요'라며 권합니다. 그 자리에서 열어 보고 기쁨을 표현하는 것은 일본의 전통적인 예의범절에서는 좋지 않게 여겨져 왔지만 서양에서는 이것이 매너일뿐더러 친한 사이에서는 이렇게 하는 것이 오히려 자연스럽지 않을까요?

셈베쓰로는 이사나 전직을 하는 사람에게 '앞으로도 잘 부탁합니다' '건강하세요'라고 마음을 담아서 선물하는 경우와 여행을 떠나는 사람에게 주는 경우가 있습니다. 이사한 곳이나 여행지에서 도움이 될 만한 물건이나 금전을 주는데 서양에서는 셈베쓰로 금전을 주는 경우는 없는 것 같습니다.

이사나 전직의 경우는 친하게 지내던 이웃이나 직장 동료에게 헤어지기 2~3주 전부터 당일 사이에 주는 것이 좋습니다. 겉모양은 홍백 5줄로 무스비키리(結びきり)를 한 미즈히키(水引)가 달린 노시가미나 노시부쿠로에 '셈베쓰' 하나무케(はなむけ)'등이라고 씁니다. 단, 윗사람에게는 '셈베쓰'라고 쓰면 실례이므로 그런 경우는 '온레이(御礼)'라고 씁니다. 셈베쓰에 대해서는 답례는 필요 없지만 새로운 지방이나 직장으로 무사히 옮겼다는 보고를 곁들여서 반드시 감사의 편지를 보냅시다.

여행하는 사람에게 주는 셈베쓰는 특별한 목적이나 입장에서 하는

여행일 경우에 한해서 셈베쓰를 주는 것이 일반적입니다. 예를 들면 중요한 의미가 있는 회의나 회합에 출석할 경우, 어떤 대표로서 모임에 참가하는 경우, 장기간 해외에 체재하게 된 경우 등입니다. 여행 준비를 시작할 무렵에서 출발 하루, 이틀 전까지 줍니다. 포장은 홍백의 하나무스비가 달린 미즈히키를 사용합니다.

끝으로 참고삼아 이야기하면 일본에서 받은 선물 중에서 외국 사람들이 좋아하는 것은 우키요에(浮世絵)가 그려진 보자기와 수건, 쥘부채·부채 등이라고 합니다.

읽고 답하기

해석과 답

1 '조품(粗品)'이라고 써서 주는 것은 어떤 데미야게입니까?
감사나 사죄, 부탁할 일 등이 있어서 정식으로 방문할 때 가지고 가는 데미야게입니다.

> **답** お礼やお詫び、願いごとなどがあって、正式の訪問をするときに持って行く手みやげです。

2 데미야게를 바로 열어 봐도 좋은 것은 어떤 경우입니까?
친분을 목적으로 하는 방문이며 친한 사람이 가지고 온 데미야게일 경우입니다.

> **답** 親交が目的の訪問で、親しい人が持ってきた手みやげの場合です。

3 데미야게를 받을 때 일본과 서양에서는 어떤 차이가 있습니까?
서양에서는 즉시 데미야게를 뜯어보고 기쁨을 표현하는 것이 예의이지만 일본에서는 그런 행동은 좋지 않게 여겨졌습니다.

> **답** 欧米ではすぐに手みやげを開いて喜びの感情を表すのが礼儀ですが、日本ではそれらはよくないこととされていました。

4 셈베쓰를 줄 때 일본과 서양에서는 어떤 차이가 있습니까?
일본에서는 셈베쓰로 선물이나 금전을 주지만 서양에서는 금전을 주는 습관은 거의 없습니다.

> **답** 日本では餞別に物品を送ったり金銭を贈ったりしますが、欧米では金銭を贈る習慣はほとんどありません。

5 유학 가는 친척 아이에게 셈베쓰를 줄 때 미즈히키(水引)는 무스비키리로 합니까? 하나무스비로 합니까?
하나무스비로 합니다.

> **답** 花結びのものです。

> **참고** '무스비키리'는 단단하게 묶어서 풀리지 않기를 바라는 마음으로, 두 번 다시 되풀이되어서는 안 되는 결혼이나 상, 병문안, 완쾌축하, 그리고 재해 위로 방문 등에 사용됩니다. 반대로 '하나무스비'는 매듭이 쉽게 풀려 몇 번이고 다시 묶을 수 있도록 하는 의미에서 되풀이 하고 싶은 소원을 담아, 혼례 이외의 일반 축사를 비롯한 감사와 인사 그리고 기념행사에 사용됩니다.

면접은 흔히 '준비가 80퍼센트! 나머지 20퍼센트는 기지와 인간성'이라고 합니다. 면접에 성공하는 사람은 평소 자신의 능력이며 장점·단점, 경험 등을 제대로 정리하여 면접 중에 '자기 자신을 정확하게 설명할 수 있는' 사람입니다.

먼저 면접을 보러 가기 전에 가지고 갈 물건이나 옷차림을 점검해 두는 것이 좋습니다. 첫인상은 매우 중요합니다.

면접은 구인하는 쪽이 응모자 본인과 직접 만나서 응모 서류에 기입된 사항을 확인하고, 서류만으로는 파악할 수 없는 인간성을 살펴기 위한 기회입니다. 사풍에 맞는지 아닌지 협조성은 있는지, 일에 대한 열의는 어느 정도인지, 인간적인 매력이며 삶의 신념은 있는지 등이 체크 포인트인데 지금부터 면접의 실제 흐름에 따라서 면접 매너를 체크해 봅시다.

〔이하, 일러스트 등은 사이타마현 '사이노쿠니(彩の国) 일 발견 시스템'에 근거한다.〕

1 방에 들어간다

면접실 문을 노크(천천히 2번)한다.('들어오세요'라는 소리가 들린 후에 들어간다.)

⇒ 입실

먼저 면접관에게 가볍게 한 번 인사를 한다.〔에샤쿠 15도〕

"실례하겠습니다"

⇒ 면접관 앞까지 나아간다.

⇒ 의자 왼쪽에 선다.

● 등을 편다. 뒤꿈치를 붙이고 발끝은 조금 벌린 채 똑바로 서서 움직이지 않는다.
● 손은 쭉 뻗어 바지 주름 위에 올려놓는다.(남자)
● 손은 앞에서 포갠다.(여자)
● 웃는 얼굴로, 밝게, 시선은 면접관을 향한다.
  'OOOO(성명)라고 합니다. 잘 부탁드립니다'〔경례 : 30도의 절〕

2 의자에 앉는다

면접관 : "OO씨죠? 앉으세요."

구직자(선 채로) : "네, 감사합니다. 실례하겠습니다."

⇒ 앉는다.

● 등은 살짝 의자 등에 댄다. 등을 곧게 편다.
● 손은 가볍게 쥐고 무릎 위에 놓는다(남성)
● 손은 포개서 무릎 위에 올려놓는다.(여자)

면접관 : "나는 인사부의 △△입니다. 이쪽은 ▽▽입니다."
　　　　　"OO씨, 당신의 (자기소개 / 자기 PR…)을 해 주세요."

구직자 : 〔가볍게 고개를 끄덕이고 면접관의 눈을 보면서 '네'라고 대답〕

"네, 저는……………………………"

(응모 서류에 정리되어 있는 내용을 침착하게 이야기한다.)

3 본론에 들어간다

지망 동기, 퇴직 이유, 성격(장점, 단점), 이전 직장에서 하던 일의 내용, 직무 경험, 기타 다양한 각도에서 여러 질문을 받습니다.

대답할 때 주의할 점은 다음과 같습니다.

● 구직자는 자신 있는 태도로 시원시원하게 대답한다.
● 먼저 결론을 말한 후 면접관이 물으면 그 이유를 구체적으로 설명한다.
● 질문의 의미를 모를 때는 모르는 채로 애매하게 대답하지 않는다.
  "죄송하지만 다시 한 번 말씀해 주시겠습니까?"
  "……라는 것은 ……를 말합니까?"(확인)
● 전에 근무하던 회사를 비난하는 말은 절대로 하지 않는다.
● 퇴직한 이유를 분명하게 정리하고 긍정적인 이유로 해 둔다.
● 가볍게 고개를 끄덕이면서 질문을 듣는다. '네'라고 말하고 대답한다.
● 웃는 얼굴로 상대방의 눈을 보면서 이야기한다. 제스처를 섞어도 좋다.

4 종료에서 퇴실까지

면접관 : "자, 마지막으로 무슨 질문 있습니까?"

구직자 : "네, ………………에 대해서 말씀해 주십시오."

면접관 : "네, 이제 됐습니다. 결과는 OO일 후에 △△ 방법으로 연락드리겠습니다."

구직자 : (의자 왼쪽에 선다) "감사합니다. 부디 잘 부탁드립니다."
　　　　　〔진심을 담아서 최경례(45도의 절)〕

⇒ 퇴실 문 앞에서 면접관에게 다시 인사〔에샤쿠 15도〕

면접의 흐름과 매너에 대해 확인했습니까?

자주 하는 질문 사항

● 지망 동기는 무엇입니까?
● 왜 우리 회사에 지원했습니까?
● 당신은 우리 회사에서 무엇을 하고 싶습니까?
● 당신은 우리 회사에서 무엇을 할 수 있습니까?
● 당신의 장점과 단점은 무엇입니까?
● 당신의 취미와 특기는 무엇입니까?
● 지금까지의 경력을 설명해 주세요.
● 전에 다니던 회사를 퇴직한 이유는 무엇입니까?
● 이것만은 남에게 지지 않는다고 생각하는 것은 무엇입니까?
● 지금까지 가장 크게 실패했던 것은 무엇입니까?
● 이 회사 외에 어떤 회사에 지원했습니까?

1 '준비가 80%'라고 있는데 구체적으로는 무엇을 가리키고 있습니까? 평소부터 자신의 능력과 장·단점, 경험등을 제대로 정리하며, 정확하게 설명할 수 있도록 해 두는 것입니다.

　답 日ごろから自分の能力や長所・短所、経験などを きちっと整理し、正確に説明できるようにしてお くことです。

2 기업은 어떠한 목적으로 면접시험을 봅니까? 응모서류의 기입 사항의 확인과 서류만으로는 파악할 수 없는 인간성을 살피기 위해서입니다.

　답 応募書類の記入事項の確認と書類だけではつかめ ない人間性を探るためです。

3 입퇴실시에 반드시 하지 않으면 안되는 것은 무엇입니까? 에샤쿠(가볍게 인사) 입니다.

　답 会釈です。

4 면접시험에서 제일 먼저 질문받는 것은 어떤 것입니까? 경력과 자기소개등, 응모서류에 기재되어 있는 내용입니다.

　답 経歴や自己紹介など、応募書類に記載してある内 容です。

5 '자주있는 질문사항' 중에서 그 사람의 능력을 가장 잘 알 수 있는 것은 어떤 질문입니까? '이것만은 남에게 지지 않겠다고 생각하는 것은 무엇입니까?'라는 질문입니다.

　답 「これだけは人に負けないと思うものはなんです か？」という質問です。

외국어 출판 40년의 신뢰
외국어 전문 출판 그룹
동양북스가 만드는 책은 다릅니다.

40년의 쉼 없는 노력과 도전으로 책 만들기에 최선을 다해온 동양북스는
오늘도 미래의 가치에 투자하고 있습니다.
대한민국의 내일을 생각하는 도전 정신과 믿음으로 최선을 다하겠습니다.

동양북스

📖 동양북스 추천 교재

일본어 교재의 최강자, 동양북스 추천 교재

회화 코스북

일본어뱅크 다이스키
STEP 1·2·3·4·5·6·7·8

일본어뱅크
좋아요 일본어 1·2·3

일본어뱅크 도모다찌
STEP 1·2·3

분야서

일본어뱅크
NEW 스타일 일본어 문법

일본어뱅크
일본어 작문 초급

일본어뱅크
사진과 함께하는
일본 문화

일본어뱅크
항공 서비스 일본어

가장 쉬운 독학
일본어 현지회화

수험서

일취월장 JPT
독해 · 청해

일취월장 JPT
실전 모의고사 500 · 700

일단 합격하고 오겠습니다
JLPT 일본어능력시험
N1 · N2 · N3 · N4 · N5

일단 합격하고 오겠습니다
JLPT 일본어능력시험
실전모의고사 N1 · N2 · N3 · N4/5

단어 · 한자

특허받은
일본어 한자 암기박사

일본어 상용한자 2136
이거 하나면 끝!

일본어뱅크
New 스타일 일본어 한자 1·2

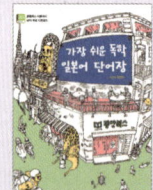

가장 쉬운 독학
일본어 단어장

일단 합격하고 오겠습니다
JLPT 일본어능력시험
단어장 N1 · N2 · N3

중국어 교재의 최강자, 동양북스 추천 교재

중국어뱅크 북경대학 신한어구어
1 · 2 · 3 · 4 · 5 · 6

중국어뱅크 스마트중국어
STEP 1 · 2 · 3 · 4

중국어뱅크 집중중국어
STEP 1 · 2 · 3 · 4

중국어뱅크
문화중국어 1 · 2

중국어뱅크
관광 중국어 1 · 2

중국어뱅크
여행실무 중국어

중국어뱅크
호텔 중국어

중국어뱅크
판매 중국어

중국어뱅크
항공 서비스 중국어

중국어뱅크
시청각 중국어

정반합 新HSK
1급 · 2급 · 3급 · 4급 · 5급 · 6급

버전업! 新HSK 한 권이면 끝
3급 · 4급 · 5급 · 6급

버전업! 新HSK
VOCA 5급 · 6급

가장 쉬운 독학 중국어 단어장

중국어뱅크
중국어 간체자 1000

특허받은
중국어 한자 암기박사

📖 동양북스 추천 교재

기타외국어 교재의 최강자, 동양북스 추천 교재

중고급 학습

첫걸음 끝내고 보는
프랑스어
중고급의 모든 것

첫걸음 끝내고 보는
스페인어
중고급의 모든 것

첫걸음 끝내고 보는
독일어
중고급의 모든 것

첫걸음 끝내고 보는
태국어
중고급의 모든 것

단어장

버전업! 가장 쉬운
프랑스어 단어장

버전업! 가장 쉬운
스페인어 단어장

버전업! 가장 쉬운
독일어 단어장

여행 회화

NEW 후다닥
여행 중국어

NEW 후다닥
여행 일본어

NEW 후다닥
여행 영어

NEW 후다닥
여행 독일어

NEW 후다닥
여행 프랑스어

NEW 후다닥
여행 스페인어

NEW 후다닥
여행 베트남어

NEW 후다닥
여행 태국어

수험서 · 교재

한 권으로 끝내는 DELE
어휘 · 쓰기 · 관용구편 (B2~C1)

수능 기초 베트남어
한 권이면 끝!

버전업!
스마트 프랑스어

일단 합격하고 오겠습니다
독일어능력시험
A1 · A2 · B1 · B2(근간 예정)